- caminar molt
- treure aparells de l'habitació
- Tomarme un Bany/ducha → Agua Fria
- moments calma
  - respiració
  - meditació
  - olis esencials
  - llum baixa
- contacte NATURA ⟶ Banys de Bosc.

- tienes Entrenador Interior
- trucades telefòniques.
- 3 gracies i cartes d'agraïment
- ¿qué he hecho bien hoy?
- Preguntes (pag. 120)

Cita optimista → pag. 95

Optimismo — Creatividad.

Encuentros → Neuronas Espejo (pag. 132)

ELSA PUNSET

Fuertes, libres y nómadas

Propuestas para vivir
en tiempos extraordinarios

Ediciones Destino es un sello de Editorial Planeta, S. A.
Diagonal, 662-664. 08034 Barcelona
www.edestino.es
www.planetadelibros.com

Primera edición: septiembre de 2020

ISBN: 978-84-233-5802-1
Depósito legal: B. 11.066-2020
Impreso por Egedsa
Impreso en España - *Printed in Spain*

El papel utilizado para la impresión de este libro está calificado como **papel ecológico** y procede de bosques gestionados de manera **sostenible**.

Para Francesc. Mi refugio y mi alegría
en todos los tiempos.

... Índice

Prólogo

LECCIONES DE UNA PANDEMIA

Y aquí estamos, tú y yo, unidos por la bellísima relación del escritor y el lector, sintiéndonos a través de la página o descubriéndonos en el reflejo de las palabras que llenan la pantalla. Compartimos esta reflexión y la suerte de estar vivos en este pequeño rincón del universo.

Para nacer, convivir y poder leernos ahora, primero tuvimos que librar una antigua y misteriosa batalla, una carrera a la desesperada con millones de espermatozoides en busca del óvulo. Ellos también hubiesen querido venir al mundo, emerger, vivir.

Nacer fue nuestra victoria. Luego vino crecer, aprender y hacernos un hueco en la vida, y así seguimos intentando sobrevivir, sometidos a la fuerza de la gravedad, al desgaste constante, al miedo a lo desconocido, a la belleza de los amaneceres, al frío del invierno, al amor, a la frustración y al reto de no entender casi nada, aunque nos empeñemos en entenderlo todo.

«Estamos aquí por la gracia de un azar misterioso, canalizados por las leyes de la naturaleza...», decía el físico y poeta Brian Greene, reflexionando sobre el misterio de cómo nuestras vidas se encienden y parpadean en un cosmos frío.

Y de pronto, ya no estamos.

No es fácil vivir inmersos en nuestras contradictorias vidas, a la vez intensas y frágiles, presentes y pasajeras. A medida que el tiempo transcurre y pesa el desgaste físico, el cansancio por las batallas cotidianas y las crecientes pérdidas, ¿qué sentido, qué significado podemos darle a nuestra vida?

Decía Lenin que «hay décadas en las que no pasa nada y hay semanas en las que pasan décadas». Escribo inmersa, como el resto del mundo, en la extraña cuarentena que estamos viviendo en la primavera de 2020 por la pandemia global del coronavirus. Ni la película más delirante podría haber planteado de forma realista un guion como este, con sus numerosas e impresionantes paradojas. Porque aun sintiendo a diario el dolor de quienes enferman y mueren por este malhadado virus, tenemos la rara sensación de estar viviendo algo excepcional: la pandemia ha removido nuestras prioridades y nuestras certezas, las cuestiona y las tambalea.

De entrada, hablamos de mantener una «distancia social», aunque en realidad lo que estamos manteniendo es una distancia física, un alejamiento que no logra distanciarnos en lo emocional, sino que, al contrario, en muchos casos nos está acercando. Nuestro ritmo de vida, que ya no parecía capaz de generar espacios para reflexionar, nos invita ahora a mirar hacia adentro, a conectar de verdad con los demás, a tener largas conversaciones con los amigos, a decir «te quiero, cuídate» generosamente y a diario... Los días se han hecho ahora más largos y nos brindan espacios para cenar con calma, para aburrirnos, para hablar hasta altas horas de la noche, para intercambiar recetas antiguas que requieren de una pausa de la que antes no disponíamos... Lo expresaba con palabras deliciosas una monja desde la experiencia de su vida enclaustrada: tenemos una oportunidad única para recuperar la paciencia y el tiempo de calidad, «para disfrutar pochando con calma la cebolla y cocinando los garbanzos bien tiernos».

En eso consiste ser humanos: en nuestra capacidad para conectar, para crear y soñar, para cuidar y para disfrutar. La teníamos descuidada, casi olvidada.

Y allá fuera, mientras la calma resurge en nuestro interior, brota también la vida. Aparecen imágenes bellas, inusuales como una ensoñación: peces y cisnes en los canales de Venecia y ballenas en Marsella; jabalíes que pasean por los centros urbanos; pájaros que se oyen por vez primera en ciudades como Wuhan. Empieza la primavera como si nada ocurriese, radiante en medio del hasta ahora imposible silencio y la limpieza en nuestras ciudades. Miramos el mundo con ojos diferentes: por primera vez vemos montañas desde Cracovia, los ciervos se aventuran a las puertas de los aeropuertos británicos, los monos visitan las ciudades en el Sudeste Asiático y en California los pavos juegan en los patios desiertos de las escuelas. Es la vida que reclama su lugar, que regresa en cuanto tiene una oportunidad.

Pero no es el mundo el que ha cambiado, somos nosotros.

Detrás del muro impenetrable que los humanos hemos construido con nuestras supuestas necesidades y derechos urgentes —a menudo crueles, destructivos y excluyentes— estamos redescubriendo otra forma de vivir, otra realidad. «Las palomas probablemente creen que los humanos nos hemos extinguido», decía un tuit viral en esos días de cuarentena. Resulta sobrecogedor darte cuenta de que nada pasaría si así fuera. La vida continuaría. Ni somos centrales ni somos imprescindibles, excepto para nosotros mismos. Somos una especie más en un planeta bellísimo, un milagro viviente que en las últimas décadas sufre a la vista de todos porque su especie dominante ha decidido vivir como si nada importara.

Con el anhelo de inspirar y acompañar, las páginas de este libro se centran en cómo podemos cambiar nuestras vidas —y con ellas el mundo— desde algunos gestos y propuestas cotidianas que nos ayuden a dar lo mejor de nuestra humanidad.

Lo hago de dos formas bien diferentes (aunque alguna vez las encuentres enmarañadas en la misma página): por un lado, están mis reflexiones sobre el entorno en el que hoy nos encontramos y cómo creo que podemos afrontarlo; y por otro, algunas propuestas prácticas, para que puedas ponerte manos a la obra y participar de estos cambios personales y colectivos, si así quieres hacerlo. Ambas

—las reflexiones y las propuestas— son independientes: pueden leerse, usarse o descartarse en función de lo que tú necesites y quieras.

¡Ah!... y un pequeño regalo: al final de cada capítulo, encontrarás una meditación sonora —con su código QR— para que puedas relajarte o meditar.

Descubre, disfruta y comparte estas propuestas para volver a tu esencia humana —fuerte, libre y nómada— y vivirla en estos tiempos extraordinarios.

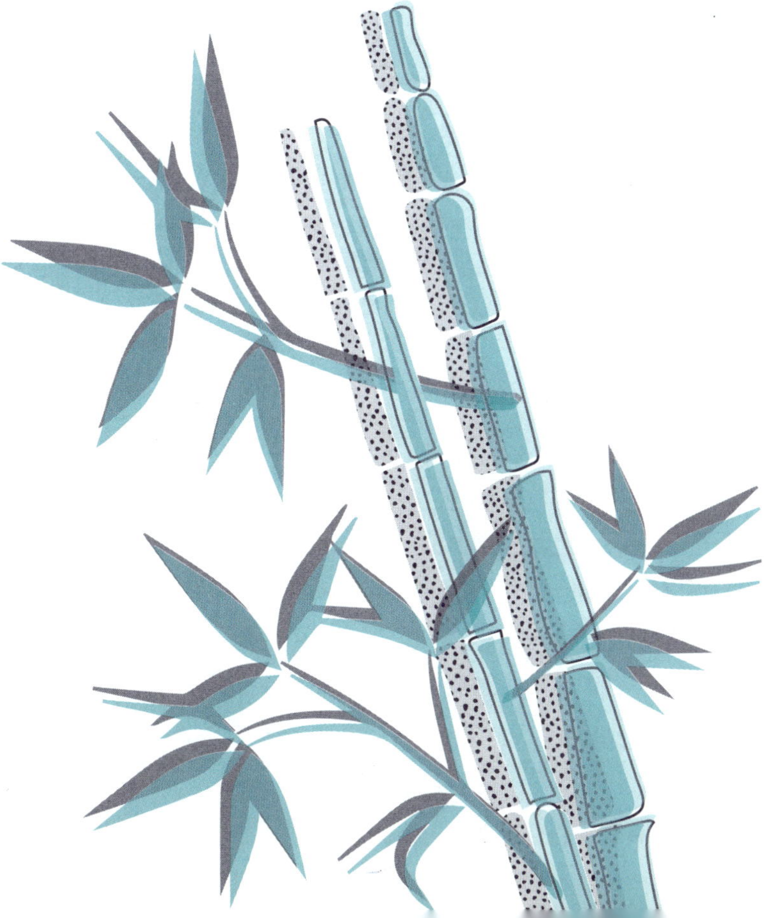

1

•••

VOLVER A EMPEZAR:
Despierta al soñador que llevas dentro

Son las dos de la madrugada. Estoy tumbada en el sofá del salón y miro el baile de las llamas en la estufa. En el salón oscuro, la luz anaranjada de las farolas de la calle se cuela por la ventana.

Me siento en paz. No es algo pasajero, llevo semanas sintiéndome ligera. Nada ni nadie me espera. La pandemia cerró de un portazo todo aquello que me tenía tan ocupada: trabajo, viajes, conferencias... Podría morir esta noche y tampoco habría funeral o entierro; nadie podría despedirse de mí, porque la muerte se nos lleva ahora silenciosamente. No me asusta: siento que la vida late de otra manera, como en la naturaleza, donde la muerte es invisible y la vida renace sin alharacas. En ella, todo se renueva sin ruido, llantos ni despedidas.

Me siento humilde, pero también agradecida porque estoy viva. Nunca había vivido así, sin correr decidida hacia algún lugar o alguna excusa, enredada como estaba en un engranaje imparable de derechos y obligaciones. No sabía parar. Hasta ahora. Ya no cierro las puertas como antes, ya no bajo las persianas ni miro quién cruza la calle. Vivo de una forma liviana, casi transparente. Por fin puedo quitarme el escudo, deponer las armas, quedarme desnuda. No era consciente de que lo que arrastraba a diario pesase tanto. Sé que cada momento puede ser el último. Ya no importa. Cayó el telón, se apagó la música.

«Mientras escribo, seres humanos altamente civilizados vuelan por encima de mi cabeza, intentando matarme», escribía George Orwell durante la Segunda Guerra Mundial. Aquí, en el sofá y bajo la manta naranja, no es la aviación enemiga lo que nos cerca, es un virus el que nos invade, el que penetra y contagia sin distinguir culturas ni tribus. Avanza ciego, cuerpo a cuerpo. Pero no solo amenaza nuestras vidas físicas, sino que cuestiona nuestra forma de vivir.

¿Qué nos espera?

Esta pregunta flota en el aire en el mundo entero, porque *¿qué pasará cuando termine el confinamiento?, ¿qué cambios sociales, económicos o medioambientales nos plantearemos?, ¿tendremos el coraje y la valentía de abordarlos?, ¿volveremos a ser, y a vivir, como antes?*

Es una interrogación enorme, imparable. Y la vida nos la hace a cada uno de nosotros. Cada persona la contestará a su ritmo y a su modo, pero sin duda a partir de ahora muchos lucharemos por plasmar algunas de las visiones que hemos atisbado durante el confinamiento. Nada será igual. Por fin habrá cosas irrenunciables, cosas que no tendrán precio ni podrán canjearse, maneras nuevas de calibrar lo que merece la pena.

Digan lo que digan los negacionistas, los cínicos o los resignados, muchos de nosotros arrastraremos como sea nuestros sueños —al menos algunos retazos— al otro lado de la pandemia. Sí, emergerá un mundo vapuleado y sometido a tensiones muy duras, pero seguramente también más justo y más humano.

Porque sentir la fragilidad de la existencia como lo estamos haciendo estas semanas, sabernos a merced de elementos que escapan a nuestro control y ver la muerte de cerca cambia nuestra relación con la vida, la hace más nítida, más urgente.

En el claroscuro de la madrugada, pienso en lo que quiero cambiar. Pienso que nunca volveré a ser tan razonable. Somos animales de costumbres, exageradamente adaptables. Nacemos con un cerebro miedoso y enormemente necesitado de atención y de cariño. Pero, ¿a quién intentamos complacer, si al final nadie complace del todo a nadie? Nos acostumbramos a nuestras ficciones y a nuestros captores, nos resignamos y nos amoldamos a sus estrecheces; pero seguimos siendo esos seres poéticos, truncados por una sociedad que nos obliga a rutinas y realidades a menudo frustrantes.

Lo leí recientemente en las redes: «Acostumbrarse es otra forma de morir».

Nos acostumbramos porque no estamos seguros de cómo llevar a cabo los cambios que necesitamos para cambiar de rumbo; o bien tememos que esos cambios fracasen, y nos lleven a un lugar aún más incómodo que el presente.

Pero hoy más que nunca, los cambios se están acelerando, para bien y para mal. Llegan en oleadas y como consecuencia de la crisis global desatada por la pandemia. Tenemos miedo a enfermar, a perder a nuestros seres queridos, a sufrir problemas económicos... Además, nos enfrentamos al miedo colectivo a un futuro incierto.

Este exceso de preocupación tiene un efecto claro en nuestro cerebro: tiende a paralizarnos. En tiempos de crisis —en tiempos extraordinarios—, el cerebro quiere protegerse y para ello se engancha en patrones de pensamiento negativo.

Cuando tu mente entra en ese estado negativo, se desencadena una serie de respuestas automáticas: el miedo estrecha nuestra visión y nos cuesta más ver la realidad con todas sus oportunidades y soluciones creativas. Nos protegemos y encerramos en nosotros mismos, recurrimos a las ideas de siempre, nos volvemos menos creativos y conectamos peor con los demás.

¿Cómo podemos contrarrestar esta tendencia natural en tiempos de crisis?

Podemos aprender a gestionar la mente para que sea más resiliente, es decir, capaz de serenarse, superar obstáculos y encontrar soluciones a los problemas.

¡Piensa en tus retos como si fueran un juego!

Una forma de entrenar nuestra resiliencia mental es esta original y eficaz estrategia: piensa en los retos que tienes como un juego. Sabemos que los niños en el colegio, o los cuerpos de elite SEAL del ejército norteamericano, cuando se enfrentan a los retos como si fuese un juego consiguen mejores resultados. Así que da un paso atrás y, por un momento, observa lo que te rodea como si fuese un juego de ciencia ficción o una película de la que eres un personaje clave. Decide qué cosas quieres conseguir, ¡y recompénsate si lo logras, como en los videojuegos! Te ayudará a tomar distancia, a disfrutar más y a centrarte de forma creativa en la resolución de los problemas.

Lo cierto es que, además, nos conocemos poco y mal. Los humanos nos interpretamos con excesiva benevolencia, a la luz de las leyendas que nos declaran héroes, hijos de dioses, seres superiores. Por miedo, pereza e ignorancia, no entendemos bien el origen y la esencia de nuestro cerebro humano.

Lo cierto es que el cerebro humano, programado para sobrevivir, busca la acumulación de respuestas placenteras, pasajeras y adictivas.

Y así perseguimos quimeras y nos volvemos adictos a la tensión de la espera que genera el deseo, seguida de la inevitable decepción tras la recompensa, el bajón químico. Una y otra vez reemprendemos el círculo vicioso: tensión, resolución e insatisfacción. ¡Dedicamos tanta energía a la persecución efímera de una respuesta química cuya única finalidad es mantenernos vivos, en el sentido más básico de esa palabra!

Pero cuando no somos esclavos o títeres de sus mecanismos básicos, nuestro cerebro humano es mucho más que la búsqueda de la supervivencia. Es sofisticado, complejo y poético, y sus necesidades profundas no pueden satisfacerse con simples actos reflejos biológicos, con una mera quimera química.

Un cerebro insatisfecho, que vive una vida más pobre que aquella a la que por su rica naturaleza podría aspirar, se traduce en una existencia a medio gas, en una insatisfacción latente, una sensación de que «nos falta algo».

La sociedad de la distracción no es suficiente

¿Cómo nos enfrentamos a la sensación de vacío o de fracaso vital? El siglo XXI ha generado una sociedad de la distracción que refuerza el placer temporal, esa espiral química que acabamos de describir, y que apacigua nuestras carencias buscando formas de mantener nuestro dedo puesto en el botón químico, en la satisfacción inmediata o la distracción rápida y adictiva.

La insatisfacción y la búsqueda frustrada también encuentran alivio en la sensación del deber cumplido, de los hijos criados, de los padres atendidos. Muchas personas se refugian ahí, sintiendo que hacen «lo que deben».

Pero ni las distracciones ni el deber cumplido lo son todo, sino solo una parte de lo que necesitamos para sentirnos plenamente vivos.

Y de repente llega esta enorme crisis a nuestras vidas. La pandemia. El confinamiento. La incertidumbre, que va a ser nuestra compañera en los próximos meses. Hemos vivido días en los que hemos sido capaces de lo mejor, y también de lo peor, de nosotros mismos. Una corriente de empatía universal ha recorrido muchos rincones de este planeta nuestro, que se ha visto atravesado por la peor crisis de este siglo. Podemos encajarla de manera destructiva o convertirla en el inicio de algo, porque nunca como durante una crisis tenemos una oportunidad tan clara de replantearnos lo que de verdad importa.

«Hay una grieta en todo, así es como entra la luz», decía Leonard Cohen. Los tiempos de crisis no son solo tiempos en los que nos abruman las emociones incómodas, sino que son una invitación a dejar de vivir en piloto automático, a pausar y reflexionar sobre qué cambios quisiéramos lograr, a retomar el mando y a cambiar el guion de nuestras vidas.

Las crisis son oportunidades extraordinarias para cambiar cosas que parecían inamovibles y tomar decisiones que hace muy poco tal vez nos parecían imposibles. Por ello, después de una pérdida colectiva como esta pandemia, muchas personas intentarán prestar más atención a sus deseos sin cumplir, o querrán mantener esas conversaciones que no siempre son posibles con sus seres queridos, o expresar su amor por los demás de forma más explícita.

Una crisis es como un enamoramiento: cuando estamos enamorados, nuestro cerebro se vuelve más adaptable; por ello los primeros meses son cruciales a la hora de encontrar fórmulas de convivencia y adaptación en una pareja. ¡En esos meses podemos avanzar mucho, estamos más abiertos que nunca a cambiar y adaptarnos al otro! Después, cuando la rutina se instale, los cambios nos parecerán mucho más difíciles. Y del mismo modo, cuando irrumpe una crisis se abre una oportunidad para hacer esos cambios que habitualmente tanto nos cuesta abordar y adquirir nuevos hábitos que nos permitan transformar nuestra vida.

Lo que estamos experimentando colectivamente en esta situación que nos ha tocado vivir es una oportunidad para detenernos y reevaluar lo realmente importante. La pandemia del coronavirus puede ser, además de una experiencia traumática, un símbolo de un tiempo en el que pudimos apretar el botón de pausa y reconstruir nuestras vidas partiendo de aquello que nos estaba faltando, de incorporar a la vida diaria algunos de nuestros anhelos y sueños.

Aprovechemos este momento para pensar qué cambios podemos llevar a nuestras vidas individuales, qué pequeñas resurrecciones podemos lograr.

¡Despierta al soñador que llevas dentro!

Una vida soñada está compuesta de muchos elementos, y os propongo empezar a reconectar con alguno de ellos, como por ejemplo con aquellos paisajes que forman parte de nuestra vida soñada.

¿Hay algún paisaje o lugar en el que te sientes particularmente bien? Tanto si ese lugar existe como si es imaginario, ¿cómo es? ¿Es una playa, una montaña, una ciudad? ¿Está en Oriente, en África, en América? ¿O acaso mucho más cerca de ti?

Regresa ahora a ese lugar especial para ti y siéntelo. Si puedes, con todos tus sentidos. Huélelo... tócalo... escúchalo.... ¿Cómo es tu paisaje soñado? ¿Cómo es ese lugar en el que te sientes feliz, en paz?

Quiero compartir contigo uno de mis paisajes soñados. Estoy caminando por la playa, una playa del Atlántico, en el norte de Galicia, en un pequeño pueblo pesquero, y aquí los tonos verdes tiñen las aguas de las rías. Este lugar me da paz, me hace sentir viva; todo es más real, más presente aquí. Aunque solo paso en él unos pocos días al año, llevo este rincón del mundo dentro de mí el resto del año. Y durante el invierno, cuando hace frío, o cuando estoy cansada o triste, a menudo cierro los ojos y regreso a estos bancales de arena inmensos y al mar, que a veces es verde oscuro y otras tiene aguas claras y transparentes, y miro a las gaviotas que sobrevuelan, las escucho. Cuando nado en estas aguas frías, me pasa algo que no me sucede en casi ningún otro sitio, y es que sin razón alguna me río a carcajadas. Porque ese frío, esa belleza... ¡me sobrecogen!

Y precisamente en esta playa, que es mi paisaje soñado, el verano pasado tuve un encuentro muy especial. Caminaba por encima de las conchas, que a ratos parecían una cama de faquir, y divisé a lo lejos, cerca de la vasta orilla, un kayak. Me fui acercando. Era una embarcación muy bonita, blanca y estilizada, y llevaba varias leyendas escritas en inglés. Una de ellas decía esto: «Moderado, pero mejorando».

¡Era casi una filosofía de vida!

¿De quién era ese kayak solitario a punto de adentrarse en el mar?

Entonces vi que el dueño se aproximaba. Era un navegante de barba rubia; parecía amable, estaba muy delgado, tenía la cara curtida por el viento y el sol, las manos fuertemente vendadas y, cuando se acercó a mí, advertí que una mancha de sangre se traslucía en los vendajes. Pensé que estaba solo frente al mar, en esa frágil embarcación, con sus manos heridas. Y con toda naturalidad, como hacen los extraños cuando no hay apariencias que guardar, empezamos a charlar...

—¿De dónde vienes?

—Llegué ayer de Santander. He dormido en la playa, y me embarco ahora mismo.

—¿Para ir adónde?

—Voy a ir remando a Oporto, en Portugal...

¡¿Cómo?!

Pues sí, ese navegante se llama Toby Carr y es un arquitecto londinense que se ha planteado un reto, un viaje en kayak que de momento lo ha llevado desde Islandia hasta las islas Feroe, pasando por Noruega, Dinamarca, Alemania, Holanda, Bélgica... Aunque Toby viaja solo, y pasa días enteros con la única compañía de pájaros, peces, delfines y focas, asegura que ha contado con la amabilidad y generosidad de muchos desconocidos a lo largo de este viaje de 1.300 kilómetros remando.

Y no se trata de 1.300 kilómetros improvisados. El reto de Toby Carr es recorrer con su kayak todas las áreas que aparecen en un programa de culto que se llama *Shipping Forecast*, o «pronóstico marítimo de tormentas». Resulta que, cada día desde hace 150 años, la BBC británica emite cuatro pronósticos al día para advertir de las posibilidades de tormenta que hay en todos los mares que rodean Gran Bretaña.

Lo curioso es que, aunque este pronóstico de tormentas solo sea de utilidad para los marineros, el programa tiene una audiencia importante. De hecho, cuenta con muchísimos más seguidores que marineros hay en el mundo. ¿Y por qué? Pues porque, por alguna razón inexplicable, muchas personas disfrutan escuchando la cantinela de nombres extraños del pronóstico de tormentas: Sole, Fitzroy, Trafalgar, Vizcaya o Lundy...

Son nombres que evocan mares, costas, ciudades, bancos de arena, ríos o estuarios desde Islandia hasta África, y con esta cantinela los oyentes sueñan, se calman o se duermen...

Dice nuestro navegante que tiene la sensación de que el mar y sus mitos misteriosos pueden unirnos en lugar de dividirnos: «Creo que una de las cosas más emocionantes del kayak y del mar es la simplicidad, estar sencillamente tan cerca del agua. Siempre me ha parecido emocionante enfrentarme a los desafíos y recompensas de la vida al aire libre: la fuerza que tiene un paisaje que te envuelve y la conexión con algo profundo, y a la vez poder llevar una vida más simple...; ese agotamiento total que sientes después de los madrugones, cuando las olas y las mareas te están arrastrando, y ese cansancio profundo que solo sientes cuando haces algo físico intenso... Además, es emocionante tener la posibilidad de decir: lo hice».

«Puedo hacerlo, es lo que suelo decirme en voz alta cuando estoy en el mar con mi kayak y las olas golpean la embarcación y siento el temor de no lograr llegar a la orilla... Y sigo remando con todas mis fuerzas».

Cuando le preguntas a Toby cómo empezó todo, qué le dio la fuerza no solo de soñar, sino de convertir ese sueño en realidad, cuenta que al morir su padre sintió repentinamente la necesidad de hacer algo distinto. Se unió a un club de kayak en Londres, y navegando por las embarradas aguas del Támesis conoció a personas con las que trabó amistad y que lo animaron e inspiraron a soñar a lo grande.

Pero justo en esa época pasó algo inesperado: a Toby le diagnosticaron un cáncer, algo contra lo que su hermano también llevaba tiempo luchando. Se operó dos veces para extirpar el tumor, que estaba en un estadio temprano, y en cuanto pudo volvió al agua. Su hermano no tuvo la misma suerte, y tras muchas operaciones murió en el hospital hace unos meses. «Hace poco, un amigo me decía en tono de broma que no hay nada como escapar de la muerte para sentirse más vivo. Y en muchos sentidos tiene razón: las cosas me parecen ahora más reales, más enfocadas y nítidas. La comida me sabe mejor, los colores me parecen más vibrantes y mis sentidos más en alerta.»

Fijaos en esto: cuando hablamos de nuestra vida soñada, hablamos de una aspiración. Todos sabemos que la vida real implica circunstancias y sentimientos mezclados. No podemos evitar que nuestra vida esté llena de momentos difíciles, incluso trágicos, de despedidas, pérdidas y decepciones.

Cuando hablamos de la importancia de tener y aspirar a nuestra vida soñada, hablamos de que es fundamental comprender y potenciar día a día aquello que realmente nos hace felices, aquello que nos hace sentir vivos, como le pasa a Toby cuando, a pesar de sus retos y pérdidas personales, es capaz, conscientemente, de disfrutar, maravillarse, descubrir y alegrarse de estar vivo.

En los últimos meses, muchas personas me han escrito para compartir sus dudas acerca del regreso a esa supuesta vida «normal» que nos espera cuando pase el coronavirus. ¡Y debo decir que me he sentido reconfortada por sus reflexiones!... porque como ellos, yo también he sentido un nudo en el estómago al pensar que la burbuja protectora del confinamiento en casa se acaba. Nos hemos dado cuenta de que nuestro mundo es bastante mejor cuando renunciamos a este ritmo vertiginoso, a un exceso de expectativas y ambiciones, al consumismo desenfrenado. Ahora podría ser el momento de interiorizar y adoptar como definitivas formas de vivir más sencillas, que puedan beneficiarnos a nosotros y al planeta.

Aquí tenéis otro ejemplo inspirador de alguien que se atrevió a cambiar de vida.

La vida soñada de Susan

La escritora y periodista Susan Smillie ha vivido durante tres años en un barco, sola, y ha escrito sobre su experiencia para compartirla durante estos meses de confinamiento y trasmitirnos que podemos adaptarnos, serenamente, a un cambio de vida, transformar nuestros gestos y actitudes y ser felices, tanto o más que hasta hace tan poco:

«Dejé un trabajo muy querido en el periódico británico *The Guardian* hace tres años porque quería llevar una vida más sencilla en mi pequeño velero. Terminé cruzando el Canal hacia Francia, navegando por la costa atlántica hacia Portugal, hacia el Mediterráneo, pasando por España e Italia hasta Grecia. Es la vida más lenta que pueda uno imaginar: viajas a la misma velocidad que si estuvieras caminando, estás completamente inmerso en la naturaleza. Duermo libremente en bahías apartadas, en playas blancas, con peces y pulpos nadando debajo de mí. He navegado con delfines y ballenas, me he despertado con caballos galopando en playas desiertas en el sur de Italia y he echado el ancla en castillos y acantilados que parecen catedrales. Es algo mágico y me nutre. La desventaja es que disfruto de pocas comodidades hogareñas (no tener nevera con 40 grados es un desafío), dispongo de muy poco dinero y paso mucho tiempo sola, pues a veces estoy en el mar durante semanas. Me he convertido en la prueba viviente de que necesitas muy poco para ser extremadamente feliz.

Y Toby, ¿qué más aprendió a raíz de su experiencia? «Probablemente he aprendido que la vida es frágil y que debemos aprovecharla al máximo. Y además, he aprendido que todos tenemos la capacidad de retarnos a nosotros mismos, de cambiar nuestra forma de vivir mirando las cosas desde otro ángulo, pensando diferente a como solemos hacerlo.»

Por tanto, vivir tu vida soñada implica tener la fuerza de transformar un sueño, una aspiración, en una meta concreta, ¡por pequeña que sea!

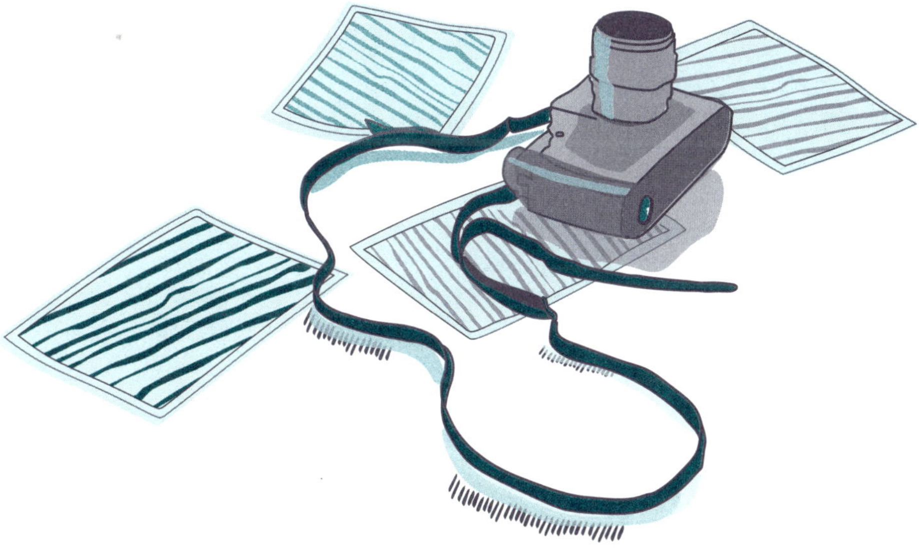

Hasta aquí, hemos compartido reflexiones acerca de cómo podemos cambiar nuestras vidas individuales, para que ellas también reflejen la creatividad y la renovación en la que estamos colectivamente inmersos en estos tiempos extraordinarios. Y para ello, comparto ahora algunas propuestas prácticas, para que cuando quieras puedas ponerte manos a la obra.

¿Conoces tus fortalezas? ¿Eres consciente de tus logros? ¿Quieres vivir de una manera menos rutinaria? ¿Quieres desprenderte de las rutinas más gastadas y despertar al soñador que llevas dentro?

¡Vamos a explorarlo!

¿CUÁNTO TIEMPO NECESITAS PARA ADQUIRIR UN NUEVO HÁBITO?

Phillippa Lally es investigadora de psicología de la salud en el University College de Londres. En un estudio publicado en el *European Journal of Social Psychology*, Lally y su equipo decidieron averiguar cuánto tiempo se tarda en formar un hábito. El estudio se centró en los hábitos de 96 personas durante un período de doce semanas. Algunas personas eligieron hábitos sencillos, como beber agua con el almuerzo; otros eligieron tareas más difíciles, como correr quince minutos antes de la cena. Al final de las doce semanas, los investigadores analizaron los datos para determinar cuánto tiempo necesitó cada persona para convertir un comportamiento en un hábito, es decir, en algo que hacemos automáticamente.

¿Cuál es la respuesta?

De media, necesitamos unos dos meses antes de que un nuevo comportamiento se vuelva automático, aunque ese tiempo depende de la persona y de las circunstancias. En el estudio de Lally, las personas tardaban entre 18 y 254 días en adquirir un nuevo hábito.

¿Un truco que ayuda para desarrollar un hábito? Elige el hábito pero practícalo muy poco a poco, y a medida que lo vayas incorporando a tu vida, incrementa de forma casi imperceptible el tiempo que le dedicas. Por ejemplo, ¿quieres correr quince minutos cada día? Empieza con cinco, y cuando estés cómodo con ese tiempo añade un par de minutos cada semana hasta llegar al tiempo que quieres conseguir.

DESCUBRE TUS FORTALEZAS

El psicólogo David Pollay dice que cuando pensamos acerca de nuestros logros más relevantes es más fácil tomar nota de nuestras fortalezas personales más destacadas, aquellas que precisamente nos han permitido alcanzar esos logros. Así, podrás ver un patrón en tu vida y seguir aplicando tus fortalezas personales a tus metas para conseguir más logros.

Para detectar tus fortalezas, el doctor Martin Seligman, decano de la psicología positiva, aconseja hacer esto:

«Escribe el relato de aquel momento en el que esté lo mejor de ti mismo. No hace falta que sea algo que cambió tu vida, pero debería tener un principio, un desarrollo y un final. Vuelve a leer tu relato durante una semana, y cada vez pregúntate: "¿Qué fortalezas personales mostraba yo cuando daba lo mejor de mí? ¿Mostraste creatividad, buen juicio? ¿Fuiste amable con otras personas? ¿Leal? ¿Valiente? ¿Apasionado? ¿Fuiste capaz de perdonar? ¿Fuiste honrado?"».

Escribir tus respuestas a estas preguntas te pondrá en contacto con aquello que se te da bien, explica el doctor Seligman. El próximo paso es decidir cómo podrías usar esas fortalezas en tu vida diaria, organizando y estructurando tu día a día conscientemente en torno a ellas.

CONECTA CON TUS LOGROS

Celebrar logros pasados o imaginar nuestros logros futuros nos ayuda a ser más positivos, más resistentes al fracaso y las frustraciones, y nos ayuda también a entender qué se nos da especialmente bien. Cuando recordamos nuestros logros, es fácil sentir agradecimiento por esas experiencias gratificantes y positivas y extraer aún más fortaleza y energía de ello.

1. CELEBRA TUS LOGROS PASADOS. Haz un collage con tus logros recientes o pasados (puedes utilizar ilustraciones, fotografías, artículos, poemas...). Si te ayuda de cara al futuro, acostúmbrate a tomar buena nota de ellos: apunta los cumplidos o comentarios positivos de las personas con las que trabajas, descríbelos en un diario, fotografíalos, conserva recuerdos de aquello que has hecho que ha sido útil a los demás... Cuando hacemos *collages* con nuestros logros, nos damos permiso para recordarlos, celebrarlos y dejar que nos inspiren y nos den fuerzas cuando las cosas sean más difíciles.
2. IMAGINA TUS FUTUROS LOGROS. Si haces collages con lo que podrían ser tus futuros logros, conseguirás saborearlos por adelantado. Esto puede ser muy útil para motivarnos y darnos la energía de luchar por nuestras metas.

¿CUÁLES SON TUS VALORES Y TUS PRIORIDADES?

Los humanos vivimos vidas a menudo complejas y, en muchas ocasiones, somos frágiles y perdemos de vista lo que realmente es importante para nosotros.

La consecuencia de ello es que a menudo nos apartamos de nuestros valores, de lo que de verdad consideramos esencial.

Sin embargo, eso no determina quiénes somos. Por ejemplo, en un momento dado, y bajo determinadas circunstancias, tú puedes actuar de manera deshonesta, pese a que siempre hayas valorado la honestidad y esta sea un valor destacado en tu vida.

Hay ocasiones en que no podemos ser coherentes al cien por cien en todo lo que hacemos —no somos tan «perfectos»—, aunque sí podemos tener claros nuestros valores y prioridades y luchar por mantenernos cerca de ellos.

Sin embargo, hay que ser consciente de que cuanto más vivas de acuerdo a tus valores y a tus prioridades, más bienestar sentirás. A menudo, las personas se enmarañan en vidas que no responden a sus valores básicos, y eso es una receta segura para la infelicidad. Por ejemplo, si eres una persona con una sensibilidad muy artística y trabajas en un banco, puedes sentirte insatisfecho.

Ser consciente de tus valores y prioridades, de aquello que es importante para ti, y construir tu día a día en torno a ello es una de las bases de una vida satisfactoria.

La psicóloga Mandy Kloppers nos propone una lista de algunos valores y prioridades. ¡Elige los diez más importantes para ti!

- [ ] Conectar con la naturaleza
- [ ] Ser más sabio
- [ ] Crear cosas bellas: arte, baile, jardinería, etc.
- [ ] Contribuir a un mundo más justo
- [ ] Cuidar de los colectivos más vulnerables
- [ ] Ser leal
- [ ] Ser honrado
- [ ] Ser sexualmente activo y atractivo
- [ ] Ayudar a los demás
- [ ] Tener buenos amigos
- [ ] Tener relaciones cálidas y amorosas
- [ ] Ser ambicioso y trabajador
- [ ] Ser competente y eficaz
- [ ] Tener logros y dejar una huella
- [ ] Tener una vida emocionante
- [ ] Tener una vida llena de cambios y novedades
- [ ] Estar físicamente en buena forma
- [ ] Comer saludablemente
- [ ] Ser creativo
- [ ] Cuidar de tus seres queridos
- [ ] Mostrar respeto por las tradiciones
- [ ] Mantener una fe religiosa
- [ ] Ser espiritual
- [ ] Tener autocontrol y resistir las tentaciones
- [ ] Mostrar respeto por los mayores
- [ ] Ser responsable
- [ ] Ser rico
- [ ] Mantenerte a salvo
- [ ] Tener autoridad, tener el control
- [ ] Influir sobre los demás
- [ ] Disfrutar de una vida con mucho ocio
- [ ] Comer y beber bien

- ☐ Ser independiente y autosuficiente
- ☐ Ser curioso y descubrir cosas nuevas
- ☐ Ser bueno resolviendo problemas y retos diversos
- ☐ Intentar ser cada día mejor persona
- ☐ Experimentar muchas emociones y estados de ánimo positivos
- ☐ Trabajar con mis manos: coser, fabricar, reparar...
- ☐ Ser maestro o maestra, enseñar a los demás
- ☐ Resolver disputas y poner paz
- ☐ Disfrutar del arte y de la música
- ☐ Organizar y ordenar
- ☐ Investigar y aprender
- ☐ Competir con los demás
- ☐ Ser admirado/a
- ☐ Actuar con valentía

☑ Y añade aquí, si lo necesitas, aquellos valores y prioridades importantes para ti:

✓ ....

✓ ....

✓ ....

✓ ....

✓ ....

✓ ....

✓ ....

✓ ....

✓ ....

✓ ....

✓ ....

✓ ....

¿QUÉ VALORES Y PRIORIDADES QUISIERAS INTRODUCIR O POTENCIAR EN TU VIDA? LOS VALORES Y PRIORIDADES SON COMO UNA BRÚJULA: MARCAN TU RUMBO, AUNQUE NO LOGRES ALCANZARLOS PLENAMENTE.

....

....

....

....

....

AHORA ELIGE Y DESCRIBE BREVEMENTE Y CON PALABRAS CONCRETAS ACCIONES QUE TE AYUDARÁN A DAR VIDA A TUS VALORES Y A TUS PRIORIDADES.

....

....

....

....

EL TABLERO DE LOS SUEÑOS[1]

Como veíamos al principio de este capítulo, una vida soñada está compuesta de imágenes, pensamientos, relaciones, paisajes y metas, soñadas o aspiracionales... y cuando las tenemos claras es cuando podemos ponernos manos a la obra y transformar algunos de estos sueños en metas concretas. Primero sueñas y luego haces.

Así que, volviendo a lo esencial, ahora que hemos visualizado tus fortalezas, retos y obstáculos, ¿cómo describirías tu vida soñada, esa vida que tendrías si no tuvieses limitaciones debido a circunstancias, dinero, familia o carácter?

Si necesitas un poco de tiempo para reconectar a fondo con esa vida soñada que te hace sentir bien por dentro, más vivo, te propongo que hagas este «tablero de los sueños», activo y práctico, que ayuda a ver y sentir con más claridad cómo es nuestra vida soñada.

El educador Ken Robinson llama «tablero de los sueños» a un conjunto de imágenes que puedes crear, como si fuese un collage, y que representan de forma gráfica tus aspiraciones, tus sueños y el tipo de vida que desearías.

Para realizar tu propio tablero de los sueños basta con un soporte —una cartulina o cartón grande— y con que busques en revistas o en

---

1 Adaptado de *El libro de las pequeñas revoluciones*, de Elsa Punset.

internet imágenes que quisieras tener incorporadas a tu vida. Corta y pega estas imágenes, y sobre todo piensa en tu futuro, no dejes que el pasado se cuele en tu tablero de los sueños. Sueña, pon allí sin límite alguno lo que te inspira y da alegría, crea la vida que quieres tener.

Pon ese tablero donde puedas verlo a diario. Piensa que tu tablero es algo vivo, y que lo vas a ir modificando a medida que evoluciones o, con el paso del tiempo, cambies de objetivos.

Y ahora lo más importante: soñar a secas sirve de poco.

¡Hay que ponerse manos a la obra!

Así que contempla tu tablero de los sueños y piensa qué cosas concretas vas a abordar para que muchos de los sueños y aspiraciones que has volcado en él se cumplan. ¿Qué te importa de verdad y qué debes hacer para que tu vida real se parezca cada día un poco más a tu vida soñada?

Recuerda que al empezar cualquier camino, cualquier aventura o proyecto creativo solemos comenzar como si nos rodease la niebla, pero poco a poco vamos descubriendo palabras, sentimientos y hechos que nos ayudan a avanzar. No lo dejes para mañana, ¡haz tu tablero de sueños y ponte en marcha!

¡Despierta al soñador que llevas dentro!

Una meditación para sentirte libre

Una forma sencilla para cambiar de estado de ánimo es usar la imaginación. Con ella nutres químicamente el cerebro, relajas el cuerpo y escapas así de las limitaciones de la vida diaria.

Así que durante los próximos minutos vamos a imaginar que entramos en un jardín, en el jardín de la transformación. Disfrútalo.

Imagina un jardín como más te guste. Puede se un espacio más o menos frondoso, más o menos ordenado, con los árboles, las flores y los elementos que tú quieras. Observa tu jardín y respira tranquilamente, inspirando, espirando por la nariz... Profundamente, a tu ritmo.

Y ahora entra en tu jardín. En este espacio natural vas a darte permiso para transformarte en lo que tú quieras. En una brizna de hierba que se balancea con la brisa... En un trozo de granito sólido... En los pájaros que te sobrevuelan... En el bambú que se mece al viento... En ese rayo de luz que acaricia la tierra... En los colores del arco iris... En el agua que burbujea en la fuente.

¡Libérate y transfórmate en lo que quieras! ¡Despierta el soñador que llevas dentro!

2

...

FUERTES, LIBRES Y NÓMADAS:

Reconecta con el mundo natural

Tal vez hayas oído decir que los niños, cuando son muy pequeños, no distinguen bien entre ellos y sus padres, que de alguna manera sienten que forman parte física de esas personas que les dieron la vida y de las que dependen completamente para sobrevivir. No perciben aún esas fronteras individuales, ese tú y yo separados que vamos adquiriendo a medida que crecemos.

Me parece una metáfora útil y bella para entender nuestra relación con la naturaleza. Los humanos formamos parte del mundo natural que nos rodea. Estamos hechos de las mismas partículas, las mismas moléculas. Somos organismos vivos que nos esforzamos por adaptarnos y sobrevivir.

Hace miles de años vivíamos muy cerca de nuestro medio natural, tanto que, como los niños pequeños, casi no percibíamos diferencias entre la naturaleza y nosotros. Dormíamos en grutas o tiendas de campaña, al amparo del cielo, sentíamos con fuerza el frío o el calor y las estaciones marcaban nuestros días. Vivíamos pegados al ritmo de la naturaleza.

Éramos naturaleza.

¿Y ahora...?

Poco a poco, los humanos nos hemos ido apartando de los tiempos cíclicos que rigen nuestro planeta. En las grandes ciudades, la luz artificial disimula los amaneceres y los anocheceres; la comida sabe parecida todo el año; nos protegemos tan eficazmente del frío y del calor que casi ya ni los sentimos, y vivimos apartados de los bosques y de las mareas que antaño marcaban el ritmo de nuestra vida.

Vivimos en general más seguros y más cómodos. Sin embargo, nos enfrentamos desde hace tiempo a un aumento de los problemas de salud mental y emocional. En todo el mundo, a pesar del acceso de muchos al confort, a la tecnología y a la conexión digital, la velocidad a la que todo cambia genera desconcierto y sensación de inseguridad, y muchas personas sufren aislamiento emocional, ansiedad y estrés.

Quisiera dedicar estas páginas a una de las razones específicas de ese malestar: nuestra menguante y paradójica relación con el entorno natural. Y tras unas reflexiones, quisiera compartir formas sencillas, prácticas y potentes de mejorar nuestra relación con la naturaleza.

Somos nosotros mismos, los humanos, quienes estamos generando los cambios en los que nos vemos inmersos. Nos gusta inventar y conquistar. Y últimamente la tecnología nos está dando unas alas que permiten alcanzar objetivos inimaginables hace apenas unos años. Pero tantos cambios no son fáciles de asimilar, ni para nosotros, ni para el planeta. Perdemos desde hace décadas, a un ritmo frenético, riqueza natural y ecodiversidad. Y como bien sabemos, estamos viviendo un cambio climático sin precedentes, de pronóstico cada día más sombrío y acelerado.

De hecho, el impacto de los humanos sobre el planeta se ha agravado tanto que queremos cambiar el nombre de nuestra era geológica para reflejarlo: según los geólogos, ahora vivimos en el Antropoceno, es decir, en la era del impacto del ser humano sobre la Tierra.

¡Vivimos tan deprisa que la Tierra también está estresada!

Afortunadamente, estamos empezando a aceptar que la idea de que un modelo de crecimiento económico perpetuo —el que tenemos desde hace décadas— nos enfrenta a la naturaleza.

¿Por qué es peligrosa la pérdida de la biodiversidad?

Muchas voces se están alzando desde hace tiempo para advertir de que nuestro empobrecimiento de la biodiversidad está generando condiciones propicias para nuevos virus y enfermedades. «Cortamos los árboles, matamos a los animales o los encerramos en jaulas para enviarlos a los mercados; rompemos los ecosistemas, sacamos a los virus de sus huéspedes naturales..., y cuando esto pasa, necesitan un nuevo huésped. A menudo, ese huésped somos los humanos», explica el naturalista David Quammen.

La destrucción de los bosques vírgenes impulsada por la tala, la minería, la construcción de carreteras que atraviesan lugares remotos, la rápida urbanización y el crecimiento de la población está acercando a las personas a especies animales que nunca antes se habían visto tan expuestas. Las implicaciones no son solo éticas, sino que nos afectan en todos los sentidos. De hecho, el US Center for Disease Control and Prevention (CDC) prevé que las tres cuartas partes de las enfermedades nuevas o emergentes vendrán de animales no humanos, «una amenaza nueva y muy significativa para la salud, la seguridad y las economías globales».

«La pérdida de biodiversidad se está convirtiendo en un notable impulsor en la aparición de algunos de estos virus. La deforestación a gran escala, la degradación y fragmentación del hábitat, la intensificación de la agricultura, nuestro sistema alimentario, el comercio de especies y plantas, el cambio climático antropogénico... Todos estos factores son impulsores de la pérdida de biodiversidad y también de nuevas enfermedades. Dos tercios de las infecciones y enfermedades emergentes provienen ahora de la vida silvestre», afirma Jinfeng Zhou, secretario de la China Biodiversity Conservation and Green Development Foundation.

No podemos seguir mucho más tiempo así, no podemos seguir depredando el planeta como si fuera solo nuestro. La primatóloga, antropóloga y mensajera de la Paz de las Naciones Unidas Jane Goodall advierte: «La pobreza, la guerra y la violencia alimentan la destrucción de la naturaleza, y también lo hace nuestro excesivo consumismo y nuestra necesidad de acumular cosas, así como nuestras dietas. Tenemos que dejar de comprar productos de las empresas que utilizan la agricultura industrial y explotan la naturaleza. Es éticamente cuestionable y social y ambientalmente inaceptable».

Buena parte de la comunidad científica sostiene que, efectivamente, para evitar futuras crisis debemos cambiar nuestras dietas y pasar a alimentos ricos en frutas, verduras y legumbres, por el bien de los animales, del planeta y de la salud de nuestros hijos. Y, por supuesto, cambiar la forma de consumir carne, ya no solo por humanidad, sino también por seguridad. En este sentido, Jane Goodall cree que en parte hemos provocado lo que hoy estamos sufriendo debido a nuestra falta de respeto por el medio ambiente, por los animales salvajes y por los animales de granja.

El resultado de todo ello es que, aunque en muchos aspectos de nuestra vida nos sentimos más seguros, también estamos empezando a ser conscientes de que corremos riesgos, de que nuestra actuación sobre el medio natural no sale gratis. Y además, al vivir desconectados de nuestra fuente de vida, de nuestra esencia natural, a menudo nos sentimos más desvitalizados, menos vivos.

¿Qué podemos hacer?

Aunque la tecnología y nuestra forma de vida actual nos estén empujando a cambios constantes y muy rápidos, la genética humana cambia muy lentamente... Cada habitante del siglo XXI hunde sus raíces en las mujeres y los hombres del Paleolítico, es decir, en nuestros ancestros, que eran cazadores-recolectores, fuertes, libres y nómadas.

Ese instinto, que aún llevamos dentro, de libertad y pertenencia a los ciclos de la naturaleza anhela reconectar con el mundo natural.

PEQUEÑOS GESTOS COTIDIANOS PARA ESTAR MÁS CERCA DE LA NATURALEZA

- Reconectar con la Tierra y su energía natural mediante paseos descalzo y baños de mar, lagos y ríos.
- Dormir de vez en cuando a la intemperie.
- Beber agua de manantial.
- Aprender acerca de las plantas medicinales y comestibles e ir incorporándolas al día a día (recuperarás conocimientos y un empoderamiento ancestral).
- Reducir al máximo el uso de plástico.
- Reducir al máximo el uso de la comida procesada y envasada.
- Empezar un proyecto de jardín o de terraza comestible.
- Respetar al máximo el ritmo circadiano (ver propuestas en la página 71).
- Reducir el uso de ropa sintética.
- Desconectar completamente de la tecnología al menos una vez a la semana.
- Aprender sobre los pájaros que te rodean y, si puedes, brindarles un espacio para vivir.
- Hacer ejercicios conscientes de respiración, es decir, practicar la respiración no solo con el pecho, sino llenando de aire el abdomen y el diafragma.

Dice el naturalista Joaquín Araújo que somos como somos porque fuimos bosque: «En realidad, somos un bosque que un día bajó de las ramas y echó a andar». Tenemos un reto complejo y urgente: encontrar un equilibrio justo entre nuestra forma de vivir contemporánea y nuestros instintos y necesidades más profundos. El naturalista Benigno Varillas sugiere que «hay que luchar por recuperar esa arquitectura mental que tuvimos hace diez mil años y que perdimos cuando empezamos a domesticar y a ser posesivos y violentos. ¿Te das cuenta de que cuando domesticamos plantas y animales los volvemos más débiles porque dependen de nosotros para sobrevivir? Y a nosotros nos pasa lo mismo: en nuestros entornos artificiales no podemos sobrevivir solos. Entregamos nuestra libertad y nuestra independencia a cambio de confort y seguridad».

Este sentimiento de desconexión y de tristeza existencial ha venido a llamarse «dolor ecológico» o también «síndrome de déficit de naturaleza», una forma de duelo por la pérdida y la desconexión de nuestro entorno natural. Lo describe la periodista Lucy Jones cuando explica que en la etapa en la que luchó contra la depresión y las adicciones «tres de los cuatro elementos que me ayudaron a recuperarme eran concretos y claros: la psiquiatría, la psicoterapia y el apoyo de los demás. El cuarto elemento fue más misterioso. Sentí la necesidad urgente de estar rodeada de árboles, pájaros, flores y plantas... Al principio no me daba cuenta de que la esencia de la naturaleza —la geometría, los olores, los sonidos, los colores, las texturas y su química— pudiera tener el poder de transformarme, pero pronto se hizo más y más patente».

La naturaleza alimenta, asombra, consuela y cura. Y no solo porque casi todos nuestros remedios se extraen del medio natural, sino porque nosotros somos también parte de él.

Entre 1972 y 1981, un conocido estudio científico de Roger Ulrich revisó las fichas médicas de 46 pacientes que se recuperaban de una cirugía de vesícula biliar. A algunos de ellos se les asignó al azar una cama de hospital con vistas a árboles de hoja caduca; otros miraban a una pared de ladrillo. Los que miraban árboles tuvieron estancias postoperatorias más cortas, tomaron menos analgésicos y sufrieron menos complicaciones. Y sin embargo, cuarenta años más tarde, los hospitales aún funcionan como entornos «estériles» y sin plantas, como señala el escritor y pensador Alan Levinovitz: «Una visión intuitiva y razonable de la curación humana debería tener en cuenta, en vez de excluirlo sistemáticamente, la importancia de estar cerca de fuentes de vida natural, por ejemplo facilitando paseos por el jardín del hospital».

La evidencia científica es clara: cuando pasamos tiempo en bosques o jardines, cuando estamos inmersos en entornos ricos en sonidos naturales, como el agua o el canto de los pájaros, nuestro cuerpo genera sensaciones de serenidad, descanso y seguridad, aumenta la dopamina en el cerebro y nuestro sistema inmune mejora.

Así que resulta que para calmarnos y regenerarnos en un planeta estresado, recurrir al medio natural es una estrategia sencilla y muy potente.

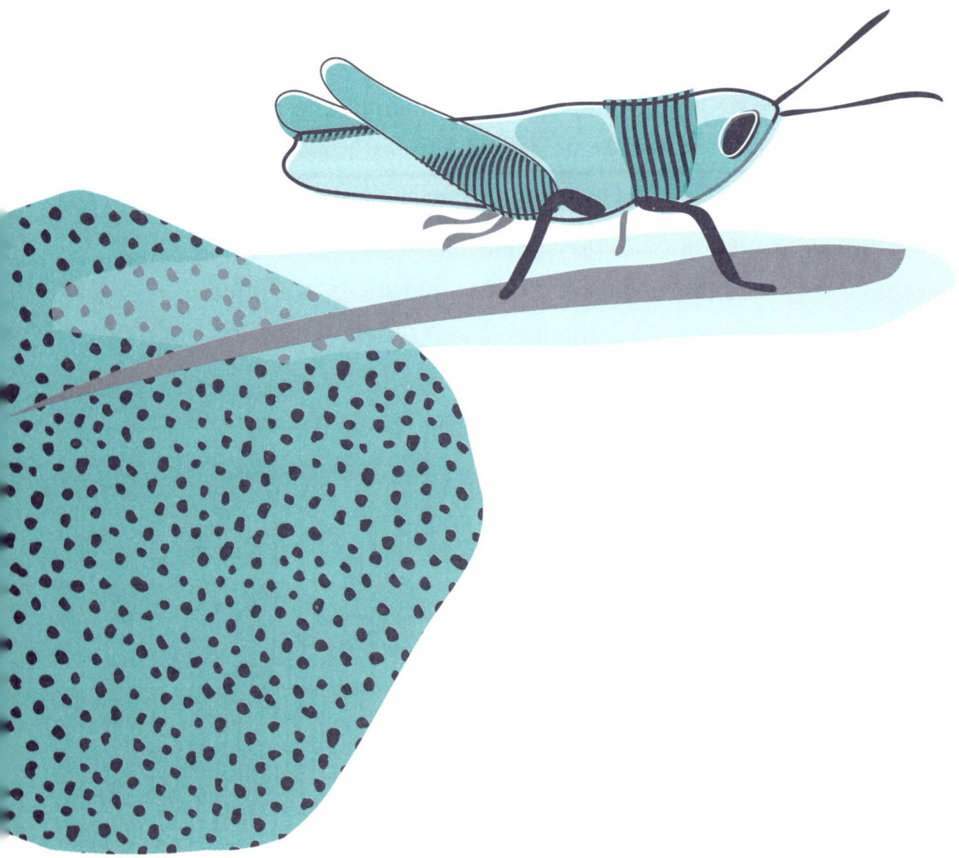

Por qué la naturaleza nos descansa y regenera

Nuestros antepasados tenían más posibilidades de sobrevivir si se instalaban cerca del agua, contaban con el refugio y el alimento que les ofrecía una vegetación tupida y convivían con animales domésticos como perros, cabras y ovejas. El amor por la naturaleza de los humanos tiene sus raíces en esta dependencia evolutiva.

Múltiples estudios demuestran los efectos beneficiosos para la salud que aportan los espacios verdes. Hay al menos tres elementos que contribuyen a que la naturaleza sea más adecuada que los entornos urbanizados para regenerarse y recuperarse del estrés:

* Practicamos una atención no dirigida: cuando estamos inmersos en la naturaleza, usamos un tipo de atención no dirigida, en contraste con la «atención focalizada» habitual, que nos obliga a concentrarnos para suprimir los estímulos que nos distraen. La atención no dirigida relaja y regenera y además nos vuelve más creativos.

* Nos sentimos parte de un todo: frente a la grandeza de la naturaleza, nos sentimos parte de un todo; esto nos ayuda a desconectar y mantener una perspectiva sana y nos calma por los sentimientos de vínculo y pertenencia que genera.

* En los entornos naturales, activamos de forma sana cuerpo y mente: practicamos nuestras aficiones, respiramos aire más limpio, nos movemos...

Pero para muchas personas que viven en ciudades —y en las próximas décadas, según las Naciones Unidas, seremos en torno al 70 por ciento de la población mundial—, el acceso al medio natural es cada vez menos habitual y más difícil. Cada vez más volvemos la espalda a la naturaleza. Pero olvidamos que nosotros formamos parte de ella, que la necesitamos. En general, ni reconocemos ni reflejamos de forma objetiva y prioritaria, en la legislación y en los protocolos urbanísticos, los beneficios de la naturaleza en la vida de las personas, ni plantamos y cuidamos el entorno pensando en cómo fomentar una mayor biodiversidad. Pavimentamos, cortamos árboles, podamos de forma indiscriminada, no tenemos en cuenta las necesidades de las distintas especies para atraerlas a nuestras ciudades... Llenamos de ruido y contaminación nuestras calles.

La polución acústica

¿Consigues trabajar y dormirte sin oír excesivo ruido de tráfico, bares y transeúntes? Si es así, eres afortunado. Uno de cada cinco europeos ya está sometido a ruidos excesivos, y este número aumentará en la próxima década debido al incremento de urbanización, carreteras, aviones, trenes e industrias ruidosas. Según la Agencia Europea de Medio Ambiente, sabemos que el exceso de ruido puede generar malestar y enfermedades físicas y mentales, y causa unas doce mil muertes prematuras al año. También se asocia a más enfermedades cardiacas, estrés e insomnio.

La vida silvestre también se ve afectada: el ruido obstaculiza la capacidad de comunicación de las aves y disminuye sus poblaciones.

Hay muchas formas de reducir el ruido: los vehículos eléctricos, caminar y usar la bicicleta, pavimentar las carreteras con un asfalto más liso, gestionar el tráfico, reducir los límites de velocidad o potenciar un urbanismo más consciente de la importancia de los espacios verdes.

Curiosamente, la Agencia Europea de Medio Ambiente ha denunciado que los Estados miembros de la Unión Europea obstaculizan sus investigaciones y no están tomando las medidas necesarias para abordar el problema de la contaminación acústica.

Cuando le preguntas al naturista Carlos de Hita, que lleva treinta años grabando los paisajes sonoros de nuestros bosques, qué nos estamos perdiendo la mayoría y sobre todo los urbanitas al vivir de espaldas al mundo natural, contesta que «por una parte, una gran fuente de satisfacción, algo que te proporciona la naturaleza con todo lo que veas, oigas o huelas. Esa pérdida de contacto está en relación directa con la crisis ambiental: lo que no se conoce no se cuida, no importa que se destroce. Por otra parte, la contemplación de la naturaleza y el paisaje sonoro nos dan suficientes muestras de alarma de la crisis que estamos viviendo. El paisaje sonoro es cada vez más pobre. En los últimos treinta años ha disminuido un 30 por ciento el número de animales de la Tierra. Eso significa que por cada diez alondras que había cuando empecé a grabar, hoy quedan siete. Los grillos han caído en picado y el zumbido de las abejas, que antes lo ocupaba todo cuando intentaba grabar en verano, ha dejado de ser un "problema". Todos estos son suficientes indicios para certificar la crisis ambiental galopante que se nos viene encima».

Lo cierto es que en las últimas décadas nos hemos acostumbrado a normalizar una relación tóxica entre los humanos y el resto de la naturaleza, como si no formásemos parte de ella. Más aún: durante siglos hemos alentado una relación con la naturaleza en la que somos conquistadores, con derecho a someter y usar. No actuamos como seres vivos que comparten el planeta con otros seres y que tienen una responsabilidad moral hacia las demás especies, fauna y flora, ríos, mares o montañas.

Esta es sin duda una forma de pensar aún frecuente, pero fuera de lugar y que afortunadamente se cuestiona más y más. En el mundo entero, cada día más personas y colectivos reclaman modos de vida que no excluyan, desprecien o agredan a los demás.

POR ELLO, EN LAS PRÓXIMAS PÁGINAS QUISIERA HACERTE DISTINTAS PROPUESTAS CON LAS QUE CONSCIENTEMENTE PODEMOS RECONECTAR CON NUESTRA ESENCIA Y NUESTRO ENTORNO NATURAL.

POTENCIA EL MOVIMIENTO NATURAL

¡NO ESTAMOS HECHOS PARA ESTAR SENTADOS DIEZ HORAS AL DÍA!

En vez de depender de ejercicios artificiales que potencian una musculatura desigual y forzada, hagamos lo que hacían nuestros antepasados: movimientos constantes y naturales favorecidos por el tipo de vida activa y nómada que llevaban. Para recuperar en nuestra vida cotidiana los movimientos naturales puedes considerar incorporar estos gestos y rutinas:

- ✓ **Juega a practicar algunos movimientos naturales:** camina, corre, salta, gatea, trepa, lleva un poco de peso, lanza objetos, atrapa, mantente en equilibrio...
- ✓ Si puedes, **desplázate andando o en bicicleta**.
- ✓ **Sube las escaleras a pie** (en cambio, evita bajarlas, ¡es más arriesgado y peor para tu espalda!).
- ✓ **Cuando estés con el ordenador, alterna la silla con el suelo**, con estar en cuclillas o con estar de pie mientras trabajas.

- Si tienes tiempos de espera, por ejemplo cuando te desplazas, ¡aprovecha para moverte! Más de una vez he hecho sentadillas en los andenes de las estaciones, a pesar de las miradas divertidas de algunos pasajeros cercanos.

- «Surfea» de pie en los vagones de tren en marcha, evitando agarrarte con las manos, usando tus pies para no perder el equilibrio.

- Quita algunas sillas de casa… ¡y baila en la cocina mientras haces la cena!

¡LIBERA TUS PIES!

El entrenador Tony Riddle es uno de los promotores de un movimiento que se da en todo el mundo llamado *rewilding*, el arte de que los humanos volvamos a un estado más natural y salvaje. Y nos propone cuestionar algunos aspectos de nuestro modo de vida actual, ya que son costumbres relativamente recientes para las que en el fondo no estamos ni psíquica ni biológicamente diseñados. Un ejemplo de ello es cómo tratamos nuestros pies.

¿Por qué llevamos zapatos más estrechos en la parte delantera que trasera? ¡La forma natural de un pie es justo al revés! Los dedos de los pies están pensados para abrirse y agarrar la tierra. En mi casa, los más pequeños ríen cuando me ven mover los dedos de los pies como si fuesen pequeñas manos. ¡Es cuestión de mirar tus pies con otros ojos!

Así que aquí tienes una propuesta: durante los próximos días, ¡descubre tus pies! ¿Cómo? Si nunca lo has hecho, haz la prueba: descálzate, abre bien los dedos del pie, agarrando el suelo, y juega con tus pies. Dales masajes, siéntelos, piensa en ellos como si fueran tus raíces... ¡Tienes más de cien músculos en los pies! Camina descalza, descalzo, todos los días, y plantéate decir adiós a los tacones, y llevar, al menos el mayor tiempo posible, eso que los británicos siempre han llamado *sensible shoes*, zapatos con sentido común. No solo mejorarás la arquitectura del pie, sino que cuando caminas descalzo asimilas la carga eléctrica negativa de la superficie de la Tierra. Estos electrones libres son antioxidantes y antiinflamatorios. En cambio, cuando caminas con caucho y plástico en la suela de los zapatos bloqueas considerablemente ese flujo de electrones. Llevar zapatos gruesos atrofia además la percepción sensorial de tu pie.

RESPETA TU RITMO CIRCADIANO

Durante toda mi vida escuché a mi padre, que era muy bromista, referirse al reloj que llevaba en la muñeca como su «máquina del tiempo». Antes de los relojes, era el sol el que ayudaba a las personas a llevar la cuenta del tiempo, un tiempo anclado en los ritmos de la naturaleza. Despertábamos con la luz, nos dormíamos cuando desaparecía. Por ello, tenemos un código genético que tiende a responder con fuerza a las señales lumínicas.

Hoy en día, los científicos describen este reloj interno como nuestro ritmo circadiano, un reloj biológico que funciona al ritmo de la luz y de la oscuridad y que tenemos de forma innata todos los seres vivos.

Los ritmos circadianos son fundamentales porque determinan nuestros patrones de sueño y de alimentación, y están claramente ligados a muchos otros patrones que rigen nuestro cuerpo: las ondas cerebrales, la producción hormonal, la regeneración celular...

El reloj mecánico supuso el final de buena parte de nuestra dependencia del tiempo natural, y de forma creciente hemos logrado vivir tan al margen de los ciclos naturales que solían regirnos que hasta cierto punto, a fuerza de ignorarlos, los hemos olvidado. Nos acostamos cuando apagamos la luz eléctrica y despertamos aunque sea en plena oscuridad. Cuando termina el día, en vez de replegarnos y bajar las luces, nos enfrentamos a una batería de obligaciones domésticas y familiares, seguidas por la exposición a las luces de las pantallas y los televisores.

Sin embargo, nuestros ritmos circadianos originales siguen pesando. Sabemos, por multitud de estudios, que la interrupción sostenida de los ritmos circadianos esenciales, como el ciclo día/noche, provoca alteraciones como aumento de peso, impulsividad, ralentización del comportamiento y otros cambios fisiológicos en ratones, similares a los observados en personas con turnos de trabajo nocturnos o jet lag. Entre estos últimos, hay que destacar el incremento del riesgo de depresión, de obesidad y de diabetes, también de inflamación crónica, estrés oxidativo y aumento de la presión arterial... Ignorar nuestros ritmos circadianos nos afecta seriamente en cuerpo y mente.

Para recuperar un ritmo más natural, puedes practicar estos pequeños gestos, aparentemente sencillos pero que pueden ayudarte a dormir y vivir mejor.[2]

- ✓ **Por la noche, tranquilidad; de día, actividad:** haz ejercicio o da un paseo a buen ritmo por la mañana. Potenciarás un organismo activo cuando está diseñado para serlo, de día, y te será más fácil conciliar el sueño al llegar la noche.

- ✓ **Exponte a la luz durante el día:** hacerlo favorece la sincronización del ritmo circadiano. Da una caminata, ve andando al trabajo, aparca el coche de forma que te obligues a caminar un poco más de lo necesario, monta en bicicleta...

2 Estas sugerencias están adaptadas del libro de Kiki Nárdiz *Ser salvaje en el siglo XXI*. Encontrarás más ejemplos en su blog Rewilding Drum.

- **Amóldate a la luz:** cuando te despiertas con el sol, la luz es clara para activarte; a mediodía es de espectro azul, para mantenerte alerta, y por la tarde se torna naranja, para inducir un estado de mayor relajación y descanso. La luz artificial en la que pasamos tanto tiempo inmersos nos mantiene artificialmente excitados e inhibe la producción de melatonina, la hormona que favorece el sueño. Piensa si podría resultarte útil usar aplicaciones que cambian la emisión de luz azul por naranja al atardecer.

- **Baja las luces al caer la tarde:** mimetiza así los ritmos lumínicos de la naturaleza. Al llegar la noche, elige en la medida de lo posible luz ambiental y velas, y usa aceites esenciales relajantes para ir induciendo un estado de serenidad y calma. Personalmente, uso un pequeño aparato en el que vierto los aceites que más me gustan, como el de eucalipto, que me recuerda mis veranos paseando por los bosques de Galicia.

- **Deja fuera del dormitorio los aparatos electrónicos:** este es un consejo muy habitual, pero que nos cuesta seguir. Se trata de mantener a raya tanto las fuentes de luz azul (que son excitantes) como la contaminación electromagnética, y también evitar contenidos de nuestras pantallas que puedan desvelarnos antes de dormir.

RESPIRA

Respirar es un acto tan natural e inconsciente que a veces no le concedemos la importancia que tiene, no solo para sobrevivir, sino también para oxigenarnos y regenerarnos.

¿Te has dado cuenta de que cuando pasas mucho tiempo en un ambiente cerrado y poco ventilado terminas con sensación de cansancio, dormido, con dolor de cabeza o como si te encontrases mal? Luego sales de ese entorno cerrado al aire libre, ¡y revives!

El aire está cargado de iones, de partículas positivas o negativas. Los iones negativos, minúsculos y fragmentados, tienen no solo carga negativa, sino también un electrón adicional, producido por moléculas de agua; por ello, los iones negativos se generan abundantemente cerca de las fuentes de agua: lagunas, marismas, ríos, cascadas o mares. El aire limpio lleva gran cantidad de iones negativos. Las cascadas, por ejemplo, tienen entre treinta mil y cien mil iones negativos por centímetro cúbico.

Es una de las razones por las que nos resulta tan revigorizante tomar una ducha, ir a nadar o darnos un baño.

¿Y los lugares cerrados y mal ventilados? Las partículas contaminantes (sustancias químicas tóxicas, humo en el aire, etc.) tienen forma de grandes iones con carga positiva. Una oficina mal ventilada o el interior de un coche pueden tener entre unos pocos cientos por centímetro cúbico y ninguno. La falta de moléculas de agua es una de las razones por las que salimos de este tipo de ambientes con la piel y la garganta secas. Cuando el aire está contaminado, los iones positivos atraen y neutralizan los iones negativos y el aire se desvitaliza. El aire de campo tiene una proporción de iones negativos y positivos de 3 a 1 aproximadamente, mientras que el aire contaminado de las ciudades tiene una proporción de unos 12 iones negativos por 500 iones positivos.

El aire puro lleva una enorme cantidad de iones negativos. Estos iones no solo limpian el aire de bacterias y de olores, sino que además afectan a los niveles de serotonina en el cerebro. ¡Son un antidepresivo natural!

Donde estés, ¡recárgate con iones negativos! Pasea por el parque, acércate a una fuente de agua natural, date una ducha, siéntate en un jardín verde... o simplemente abre la ventana y respira. También existen plantas de interior que son eficaces a la hora de limpiar el aire de toxinas y de generar iones negativos, como las palmeras de bambú, las gerberas o los ficus. Usa siempre que puedas materiales naturales, como algodón, lino, bambú o madera, seca tu ropa al aire libre, y, cuando sea posible, evita el uso de la secadora. También ayuda dormir lejos de fuentes electromagnéticas y generadores de iones positivos, como televisores o aires acondicionados.

Sabemos que el uso en el hogar de materiales sintéticos —poliéster, plástico o madera químicamente tratada— incrementa la cantidad de iones positivos y genera más electricidad estática. Estos iones tienen un impacto en los niveles de serotonina de quienes viven en estos espacios y pueden tener como efectos secundarios comportamientos letárgicos y dolores de cabeza. Respirar ese aire es algo así como comer comida basura.

Una de las razones por las que nos sentimos cansados después de pasar tiempo en una habitación cerrada y con calefacción es precisamente porque esos ambientes generan más iones positivos que negativos.

METE LAS MANOS EN LA TIERRA[3]

«Empecé a plantar flores y plantas porque quería verlas crecer. Una de las primeras cosas que noté fue que después de la jardinería, cuando hundía las manos profundamente en el suelo, me sentía feliz, optimista, menos estresada y en general más positiva. Busqué una explicación para esto y descubrí que existen razones biológicas. Por ejemplo, una de las especies de bacterias que se encuentra en el suelo, la *M vaccae*, tiene un impacto en el cerebro y aumenta nuestra resistencia al estrés. En 2004, a los pacientes con cáncer de pulmón del hospital Royal Marsden, en Surrey, se les administró una vacuna que contenía esta bacteria y manifestaron que se sentían más felices. El doctor Christopher Lowry, uno de los neurocientíficos líderes en este ámbito, comenta: "Estos estudios dejan en el aire la pregunta de si no deberíamos pasar todos más tiempo jugando en la tierra". Nuestra microbiota es más saludable cuanto más diversa, y una microbiota se enriquece en ambientes llenos de organismos diversos, que suelen estar al aire libre. Estamos "entretejidos" con tierra, formamos parte de ecosistemas amplios, más aún de lo que somos conscientes.»

---

3 Una propuesta de la periodista Lucy Jones.

El efecto benéfico de los perros

Diversas investigaciones sugieren que nuestro bienestar está íntimamente relacionado con los vínculos de afecto, y no solo con vínculos a otras personas, sino también a otras especies y al mundo natural. ¿Tienes perro? Los últimos estudios sobre terapia animal muestran que los efectos de nuestra relación con otros animales pueden ser impactantes, especialmente en el caso de los perros. Una relación humano-canina reduce los niveles de soledad y depresión. Como dice la activista Marion Janner, «los perros nos regalan un afecto incondicional. Son lo más en lo que respecta a igualdad de oportunidades: les da completamente igual tu raza, género, signo zodiacal, currículum, tamaño de tu ropa o que sepas bailar. Su cariño es sencillo y profundo, una fuente constante de alegría, además de los beneficios que entrañan los paseos diarios y el intercambio social con otros humanos con perros. Los canes enseñan a los niños a ser responsables, altruistas y compasivos, y están allí en lo bueno y lo malo, constantes y leales».

¿A qué se deben estos efectos terapéuticos? Uno de los efectos más estudiados es lo que los científicos sociales llaman «reconocimiento social», esto es, saber que otro ser es importante y significativo para ti. El vínculo entre perro y humano puede ser, dicen los últimos estudios, parecido al que une a los padres con sus hijos. Este reconocimiento social tiene un impacto radical en nuesta salud mental; sin este vínculo sentimos soledad, somos más vulnerables a la depresión y podemos mostrar síntomas de malestar físico.

NADA EN UN LUGAR SALVAJE

Los propulsores del movimiento de regreso a la naturaleza, el *rewilding*, también tienen propuestas más radicales, como darse baños de agua muy fría, algo que sabemos a ciencia cierta que mejora la digestión y el sistema inmunológico. La verdad es que a mí me encantan mis baños de agua fría en las rías de Galicia, aunque solo lo hago en verano... ¡Tal vez ha llegado el momento de darme esos baños aún más fríos en otoño o primavera!

Lo que sí recuerdo es despertar con la nariz congelada en el internado de Inglaterra donde estudiaba... ¡Y es que cada año ganábamos con orgullo el concurso de internados que menos calefacción gastaban de toda Inglaterra! A esos inviernos, vividos sin excesivas comodidades y con bastante frío, creo que debo mi tolerancia a las temperaturas bajas: me gustan los ambientes frescos, siempre camino descalza en casa, incluso en el jardín en pleno invierno, y no sé si tiene algo que ver, ¡pero casi nunca pillo un resfriado!

Nadar en aguas frías y salvajes es algo que ha atraído a las personas desde siempre. Algunos poetas románticos, como Coleridge, Byron o Keats, lo hacían regularmente. La costumbre tenía entonces un nombre: hidromanía. Nadar en aguas naturales siempre nos ha permitido reconectar con la naturaleza, una experiencia a la vez espiritual y física.

Hoy en día también existe un movimiento que reclama los beneficios de nadar al aire libre, especialmente en Gran Bretaña o en los países nórdicos, donde existen tradiciones sólidas que ayudan a las personas a no perder su conexión natural, incrementada desde hace unos años a raíz de la crisis climática y las formas de vida urbanas.

Quienes vivimos en ciudades tenemos pocas oportunidades de estar en contacto con la naturaleza: solemos usar transporte público o el coche para desplazarnos, no tenemos espacio para plantar y recolectar nuestra propia comida, no reconocemos el canto de los distintos pájaros, vivimos generalmente en pisos cerrados y las ciudades tienden a oscurecer las diferencias entre estaciones...

Nadar de vez en cuando al aire libre puede ser una forma excelente de darse un baño de naturaleza, de comunicarse y sentirse parte, una vez más, de nuestro planeta.

LOS BAÑOS DE BOSQUE

Estamos compartiendo gestos sencillos y concretos que podemos hacer para ayudarnos a reconectar con la naturaleza de la que venimos..., y me hace especial ilusión hablaros de una tradición que nos ayuda en este sentido y que está sobre todo muy presente en dos lugares del mundo: los países nórdicos y Japón. Son los baños de bosque.

¿Qué es un baño de bosque? En Japón se lleva estudiando y practicando desde hace más de tres décadas. Allí está inspirado por prácticas sintoístas, taoístas y budistas que fomentan la comunicación con la naturaleza. El objetivo en Japón es salvaguardar los bosques, que ocupan el 70 por ciento del país, y a la vez dar respuesta terapéutica a realidades urbanas como Tokio o Kioto, rodeadas de tecnología, asfalto, aceleración y estrés, que reclaman más contacto con la naturaleza.

Existe mucha investigación sobre los efectos terapéuticos físicos y psíquicos de los bosques en las personas. ¿Qué nos dice la ciencia? Según inmunólogos y expertos en medicina forestal, los árboles centenarios de los viejos bosques generan fitoncidas, sustancias volátiles que producen los arboles leñosos y que, cuando las respiramos, activan y fortalecen nuestro sistema inmunitario, regulan los niveles de cortisol —la hormona del estrés— y la glucosa, calman el sistema nervioso y alivian además los procesos inflamatorios y el insomnio, estabilizan la presión arterial y el ritmo cardiaco y mejoran la concentración y la creatividad.

Fijaos: ¡los efectos de una hora de baño de bosque duran hasta 30 días en el cuerpo humano!

Los baños de bosque nos regalan estos beneficios sin necesidad de técnicas especiales ni esfuerzos. Basta con estar en el bosque con los cinco sentidos, pasear relajadamente, sumergirnos en su belleza, disfrutar de la explosión de sensaciones, colores, olores y texturas que nos rodean... En pocas palabras: se trata de dejar de vivir en la cabeza y vivir en la Tierra.

Hay una práctica similar en la tradición de la meditación: se trata de caminar con atención plena, centrándote en lo que sientes, en los movimientos de los pies, en los olores, los sonidos y el momento presente. El poeta y monje budista Thích Nhất Hạnh lo llama «caminar como si besaras la tierra con tus pies».

Así calmas la mente y regresas a tu centro, ahora. Esta práctica hace de puente entre lo que es una meditación y las pequeñas actividades de atención plena que podemos ir haciendo de manera informal en la vida cotidiana.

Recuerdo que la primera vez que tomé un baño de bosque estaba lloviendo. No me importó mojarme, porque pocas sensaciones son tan reconfortantes como el olor a tierra mojada, a hierba cargada de gotas de lluvia... El viento agitaba las ramas de los árboles de aquel bosque frondoso en Galicia y yo sentía cada gota deslizándose por mi piel, la fragancia del musgo, las sensaciones del pisar de mis botas hundiéndose en la tierra, bajo mis pies. Y me notaba reconectada a una fuerza telúrica, a algo que está por encima de mí: la madre tierra, la naturaleza.

Allí fui consciente de algo: cuando nos dejamos llevar por el día a día, y aceleramos física o mentalmente, la vida parece desdibujarse; pero cuando desaceleramos, la vida resurge y la percibimos de mil maneras: en el aleteo alegre de un pájaro, en nuestra mano acariciando la hierba fresca, en el viento silbando entre las ramas de los árboles o en la alegría que nos invade al pasear despreocupados por un bosque. Esos son los momentos que nos regeneran y nos hacen felices.

Para cerrar estas páginas, tengo algo especial para invitarte a reconectar con el mundo natural. Hemos hablado de los baños de bosque, una forma sencilla y potente de reconectar con nuestra esencia... Hemos disfrutado pensando en forma sencillas de volver a la vida natural, a lo fácil y espontáneo.

Te propongo que hagamos juntos, juntas, una pequeña meditación muy especial, a la que puedes acceder con el código QR que hay en esta página. Yo la hago de vez en cuando al final de mi práctica de yoga, o si estoy preocupada o me cuesta dormir o simplemente cuando quiero darme un baño de naturaleza. La disfruto mucho porque me ayuda a reconectar con lo esencial, con la energía limpia del mundo natural que nos da vida, que nos sustenta.

Una meditación para reconectar con la naturaleza

Túmbate y cierra los ojos... Respira tranquilamente, profundamente... Tómate unos momentos para reconectar con nuestro planeta, para sentir cómo te rodea y te da vida... el aire que respiras... una puesta de sol, con sus maravillosos colores cambiantes... nadar en el mar, zambullirte en el agua... levantar la vista y contemplar las montañas majestuosas, inmensas... Piensa también en todas esas expresiones de belleza humana que nos acompañan a lo largo de la vida... el gesto generoso de un amigo... o esa alegría y creatividad innatas en todos los seres vivos... Aprovecha este momento, ahora, para reconocer el milagro de estar vivo en este planeta... en este periodo de tiempo único... Aquí estás... Te rodea toda la belleza de nuestro planeta...

Ahora, date permiso y el espacio para sentir agradecimiento por estar vivo... Visualiza en tu mente todos los dones y las cosas positivas de nuestro planeta que más te gustan...

Fíjate en cómo sientes ahora tu cuerpo... ¿Notas calor o una apertura especial? Si es así, acomódate en esta sensación física de bienestar... Deja que invada tu cuerpo, que lo reconforte, como una ola de bienestar... Si lo que sientes es más bien resistencia a este proceso, tal vez rigidez o tensión, no pasa nada, ábrete a esa resistencia, siente curiosidad y déjate llevar... Respira hondo, llena tu abdomen y tus pulmones de aire... y deja ir el aire... Respira despacio y profundo, a tu ritmo, ábrete a eso que sientes... inhalando... exhalando... dejándolo ser...

Y vuelve ahora a dirigir suavemente tu atención a las cosas bellas que te ha dado este planeta, a las personas, animales y plantas que amas... el aire para respirar... el aroma de una rosa... la amabilidad inesperada de un extraño... la risa de un bebé... la vida misma... Considera los regalos que la naturaleza te ha dado... y permítete sentir agradecimiento por este planeta y por todos los seres y cosas bellas que te acompañan y te rodean... Todo lo que es sencillo y fundamental... Dales las gracias en tu mente... Di «Gracias»... Y mientras haces esto, siente cómo esta gratitud se instala y crece en ti...

Antes de terminar esta meditación, piensa en cómo podrías expresar hoy de forma consciente tu gratitud: envía pensamientos pacíficos a la Tierra, inhala energía que te llena de fuerza y exhala sentimientos amorosos y pacíficos por todo lo que está vivo a tu alrededor...

3

...

¡LUCHEN, MUCHACH@S!...

Vive como los grandes optimistas

¿En qué época te habría gustado nacer?

¿En el antiguo Egipto? ¿En el Imperio romano? ¿En la Edad Media o en el Renacimiento? ¿En la época victoriana? ¿En los felices años veinte del siglo pasado?

¿O bien ahora, en el siglo XXI?

¿Y si fueses una mujer? ¿Y un inmigrante? ¿Una persona homosexual? ¿Una persona con una enfermedad o una discapacidad?

Si la respuesta a estas preguntas es que eliges el siglo XXI, es porque intuitivamente sabes que estamos viviendo en una época extraordinaria. Nunca hemos tenido las oportunidades, el conocimiento y la tecnología para aprender, convencer y escuchar, para no dejar a nadie atrás, sin ignorar, apartar, despreciar o desconocer.

Si pudiésemos elegir el mejor momento para nacer, la decisión más racional sería escoger los últimos veinticinco años. Vivimos en una época, comparativamente, privilegiada: se ha reducido la pobreza global a un ritmo sin precedentes, se han extendido la democracia y la alfabetización, ha aumentado la esperanza de vida e incluso disponemos de tecnología eficaz para hacer frente a retos como el cambio climático.

Como humanidad, llevamos cuatrocientos años transitando un camino lento, en ocasiones más lento de lo que nos gustaría, que nos acerca cada día más a la justicia y a la igualdad.

Pero, claro, ¡el cambio y el progreso no son ni fáciles, ni automáticos! Nuestro cerebro humano lleva cuarenta mil años haciendo las cosas de una determinada manera. Y ahora, en el siglo XXI, los cambios de los últimos siglos no solo siguen adelante, sino que se están disparando. ¿Cómo reacciona nuestro cerebro ante semejante alud de transformaciones en nuestra vida?

Lo cierto es que a menudo se resiste a cambiar. Y es que al cerebro humano no le importa que llegues a la noche siendo feliz, creativo, compasivo o justo... ¡Le importa que llegues vivo! Evolutivamente estamos programados para sobrevivir y, por tanto, albergamos un sesgo negativo, es decir, un pesimismo restrictivo y cauto.

Existen otras razones que nos llevan a ser más bien pesimistas, a pesar de los datos objetivos y las realidades esperanzadoras. ¿Te has preguntado alguna vez por qué nos cuesta percibir las buenas noticias?

«Hay miles de millones de mejoras de las que no se habla porque son demasiado lentas, están fragmentadas o son demasiado pequeñas por sí solas para ser noticia», explica el economista Hans Rosling. Nos fijamos además en las malas noticias porque tenemos un cerebro programado para sobrevivir que es más sensible a lo negativo que a lo positivo; y los medios de comunicación que nos bombardean aprovechan este sesgo negativo para vendernos contenidos predominantemente negativos.

Pero los humanos vivimos inmersos en paradojas y contradicciones, en emociones mezcladas y opuestas. Nuestro sesgo pesimista, generado para facilitar nuestra supervivencia, nuestra tendencia a ser desconfiados y precavidos, convive inevitablemente con otro sesgo, también necesario para la supervivencia: un sesgo optimista que enciende nuestras ganas de salir adelante y nos dota de la confianza, a veces ciega, para enfrentarnos con esperanza a las dificultades. Esa esperanza nos arrastra y nos ayuda a superar contrariedades y retos.

Casi nadie piensa que corre el riesgo de tener un 33 por ciento de probabilidades de sufrir un cáncer a lo largo de su vida, o más del 50 por ciento de divorciarse... ¡aunque eso es lo que revelan las estadísticas! Y es debido a lo que los psicólogos llaman «sesgo optimista», esto es, a nuestra tendencia a pensar que nuestras posibilidades de sufrir algo desagradable están por debajo de la media.

La naturaleza nos dota de este sesgo optimista, paradójicamente, para ayudarnos a sobreponernos a los retos que suele presentar estar vivo. Ciertamente, el optimismo puede llevarnos a comportamientos más arriesgados, pero como hemos visto a lo largo de este capítulo, también es motivador, creativo y rebaja nuestros niveles de ansiedad y de estrés.

Dentro de cada persona existe pues la posibilidad de elegir si prefiere vivir desde el pesimismo o desde el optimismo.

¿Qué eliges tú?

A pesar de que nos enfrentamos a enormes peligros que incluso podrían suponer nuestra autodestrucción, muchos pensamos con optimismo, como el escritor Johan Norberg, que prevalecerá el progreso: «El instinto de conservación de la especie humana ha hecho que la sensatez se imponga incluso en las circunstancias más extremas. Me niego a pensar que la generación de mi hijo, la de los nativos digitales extremos, capaces de aprender inglés de manera autodidacta a los seis años sin más ayuda que un iPhone, vaya a destruir el mundo. Al contrario, creo que van a resolver gran parte de los problemas que hemos dejado pendientes gracias a su dominio de la tecnología y al desarrollo de sus enormes capacidades cognitivas».

También yo estoy convencida de que la especie humana, *cuando decide hacerlo*, puede transformarlo todo, o casi todo, a mejor.

Porque crecí, no sé si al abrigo o a la sombra, de un optimista radical, de un hombre que desbordaba ese estado de esperanza y confianza en el futuro que nos ayuda a perseverar y a perseguir los sueños y las metas. Como si fuese una religión, mi padre no creía en la tristeza, en la renuncia o en la resignación. Allí donde los humanos se agotan, él llevaba esa brújula, ese escudo protector.

Mi padre era un optimista, un optimista radical. Vivía en un universo propio, un planeta unipersonal donde las leyes, e incluso los cánones de belleza, los decretaba él y nadie más. No le interesaba el qué dirán, ni se comparaba nunca con los demás. A diario, como quien respira, esquivaba lo que apodaba la infinita capacidad de las personas para amargarse la vida. Atravesaba las castas, las clases sociales y los prejuicios que nos dividen y nos ciegan. No los miraba, no le importaban.

Crecí al lado de un hombre no solo profundamente optimista, sino también profundamente inteligente. Por eso aprendí a no menospreciar la fuerza bruta que el optimismo regala a quien lo recibe y lo cultiva. No es un don menor, un consuelo para tontos o desafortunados, como pueden creer algunos. Codiciamos la belleza, la inteligencia o el dinero, pero todos ellos son esquivos o esclavos. Solo el optimista, aunque no tenga nada, lo tiene casi todo. Y no únicamente aquello que la ciencia señala como más probable —más amigos, mejor salud, más éxitos, mayores recursos y oportunidades, que se labra él mismo con tesón y confianza—, sino que, pase lo que pase, el optimista disfruta de entrada con la risa que contagia, las bromas que alegran, los recuerdos luminosos, los destellos vivos en la mirada, las sonrisas cotidianas y generosas como estrellas fugaces en una noche de agosto, intangibles y luminosas.

Por eso mi padre, allí donde estuviese, disfrutaba de la mejor playa, el mejor arroz, el mejor perro sarnoso, las mejores navidades, el regalo más inesperado, el fósil más antiguo, el momento justo. Todo lo suyo, aunque fuera humilde, era siempre, por decreto inapelable, lo mejor del mundo, *the biggest and the best*, grande y hermoso porque él lo había decidido, porque en cada cosa y en cada gesto encontraba algo bueno. Y así, siempre disfrutaba y nunca jamás se quejaba.

Y cuando llegaban los problemas —y vaya si llegaban—, pasado el primer momento creo que él ni se fijaba. Al rato su optimismo, como un viento fresco, se los llevaba bien lejos. Cuando era niña, esa alegría me deslumbraba y me reconfortaba. De todos sus dones, si solo pudiera elegir uno, me quedaría con su desenfrenado y fértil optimismo, porque gracias a él amaba la vida que llevaba, estuviera donde estuviese.

Recuerdo su mirada, verde, incrédula, cuando nos dijeron que tenía cáncer y que le quedaban meses o semanas de vida. Ni derramó lágrimas ni sintió sorpresa. «No pueden estar seguros», musitó. Fumó su último cigarrillo antes de bajar a extirparse medio pulmón. Tenía que haber muerto, pero sobrevivió otra década. Y es que el optimista radical posee esa certeza, para los demás irracional o ilusa, de que pase lo que pase saldrá adelante, aunque para ello tenga que aferrarse tozudo a los restos de una vida que inexorablemente envejece y naufraga. Pues se aferra, y, esperanzado, espera. Y al fin, como los desesperanzados y los cínicos, el optimista también se apaga. Pero mientras vive, su vida brilla y respira de otra manera.

Decía Stephen Hawking, otro grandísimo optimista y uno de los físicos teóricos más famosos del mundo, que «solo somos una raza avanzada de monos en un planeta menor de una estrella mediocre. Sin embargo, podemos comprender el universo... y eso nos hace muy especiales». Él vivió décadas en una silla de ruedas, atenazado por una esclerosis lateral amiotrófica (ELA), sobreviviendo contra todo pronóstico, una proeza conseguida en circunstancias durísimas a fuerza de determinación. Quienes lo conocían recuerdan también su pasión, su buen humor, su enorme curiosidad.

«Soy un optimista —decía—. Llegaremos a tocar las estrellas.»

En ese estado vital le acompañaba su colega, el neurólogo Oliver Sacks, otro luchador incansable que amaba la vida. Ambos vivieron intensamente gracias a ese fuego interior que supieron mantener candente. Poco antes de morir, Oliver Sacks dijo: «No puedo fingir que no tengo miedo. Pero el sentimiento que predomina en mí es la gratitud. He amado y he sido amado; he recibido mucho y he dado algo a cambio; he leído, y viajado, y pensado, y escrito (...). Y, sobre todo, he sido un ser sensible, un animal pensante en este hermoso planeta. Y eso, por sí solo, ha sido un enorme privilegio y una aventura».

Privilegio, gratitud, aventura, amor... son palabras que suelen acompañar a las personas más optimistas. Las reconocerás porque, frente a los retos o a la adversidad, miran al futuro con esperanza y creen que, pase lo que pase, pueden hacer cosas, pequeñas o grandes, para mejorar sus vidas. Por ello decía Winston Churchill, el estadista que inspiró y lideró Gran Bretaña durante la Segunda Guerra Mundial, que «un pesimista ve la dificultad en cada oportunidad y un optimista ve la oportunidad en cada dificultad».

Pero, ¿es útil el optimismo?

¡Lo es! Sabemos a ciencia cierta que el optimismo no solo hace más feliz a quien lo practica, sino que además es una actitud muy valiosa para vivir y crecer en nuestro intenso y complicado planeta. El optimismo es útil porque nos ayuda a percibir nuevas oportunidades, a aprender de lo que nos pasa y a seguir avanzando. Los optimistas suelen disfrutar de más éxito, mejores relaciones, menores tasas de depresión, mejores ingresos, mejor salud física y más longevidad que los pesimistas.

Tali Sharot, psicóloga y neurocientífica especializada en optimismo, cita en su libro *The optimism bias* un estudio con enfermos de cáncer menores de sesenta años. Con un pronóstico y un estado de salud similar, los pesimistas tenían más probabilidades de morir en los primeros siete meses que los optimistas. En otro estudio, los optimistas mostraban una recuperación más rápida tras una operación del corazón y tenían menos posibilidades de recaer.

En general, los optimistas viven más y con mejor salud. Además de sufrir menos estrés y ansiedad, las personas optimistas están más predispuestas a seguir las indicaciones de los médicos, ya que confían más en sus posibilidades de recuperación. Los optimistas creen que sus acciones van a servir para algo, mientras que los pesimistas no tienen tanta fe en sus posibilidades y desisten más a menudo.

En una época que se caracteriza por la velocidad y la abundancia, el optimismo resulta más útil que nunca.

Así que... ¿cuál es el secreto de los optimistas?

En las próximas páginas vamos a centrarnos en qué hacen las personas más optimistas para lograr mantener su actitud. ¿Cuáles son los hábitos, los pensamientos y los comportamientos de las personas optimistas? ¿Cuáles son sus palabras preferidas, sus estrategias, sus pistas, su modo de sentir el mundo y de enfrentarse a los retos? ¿Cómo logran reinventarse, seguir avanzando, no tirar la toalla?

Pero primero vamos a comprobar cómo andas de optimismo y de pesimismo...

¡Empecemos con una de las pruebas más antiguas, rápidas y conocidas del mundo para detectar optimistas!

¿VES EL VASO MEDIO LLENO O MEDIO VACÍO?

Si ves el vaso lleno... ¡probablemente eres bastante optimista!

Y eso, ¿qué quiere decir? Dos cosas muy importantes...

Ser optimista es una actitud mental. Es tener la convicción y la confianza de que puedes hacer algo para mejorar una situación. Ser optimista es ser activo, observar la realidad desde un sesgo positivo.

Y si la realidad que observas no te gusta del todo, ser optimista es ser capaz de ponerte manos a la obra para cambiarla.

En el caso concreto del vaso, el optimista piensa: «Tengo sed, aquí caben unos cubitos de hielo, me voy a beber esta agua».

¿Y un pesimista?

El pesimista observa el mismo vaso que el optimista, pero lo interpreta desde una perspectiva negativa y pasiva: no alberga esperanza de que las cosas vayan a mejorar por sí solas y tampoco posee la confianza o la energía para intentar cambiarlas o mejorarlas.

Frente al vaso de agua, el pesimista piensa: «¡Qué mala suerte! He llegado tarde, casi no queda agua y además está tibia».

Como dice el refranero, el optimista siempre tiene un proyecto y el pesimista siempre tiene una excusa.

¡Pero eso puede cambiar! Piensa en las excusas más típicas que nos damos a nosotros mismos cuando estamos siendo pesimistas. La actitud pesimista suele ir acompañada de un diálogo interno negativo.

EL DIÁLOGO INTERNO DE UN PESIMISTA

— Me ponen nervioso las frases vacías como «siempre ves el vaso medio vacío».

— No soy pesimista, soy realista.

— Ojalá pudiese silenciar esa voz en mi cabeza que siempre dice «sí, pero...».

— Ser pesimista no siempre quiere decir que sea una persona negativa, ¿verdad? Ya me gustaría a mí que todo saliera lo mejor posible.

— Me preocupo mucho, por eso siento ansiedad.

— Ser optimista te pone en un lugar muy vulnerable. Es mejor bajar las expectativas y no llevarse chascos y decepciones.

Si piensas o dices algunas de estas cosas habitualmente, es probable que tengas tendencia a ser más bien pesimista.

Solemos justificar las actitudes más pesimistas diciendo que son realistas... ¡pero no es necesariamente así! Lo que ocurre es que el cerebro humano tiende a una actitud defensiva que prima su supervivencia. Solemos detectar y exagerar los peligros y memorizarlos mejor. ¡Tenemos un sesgo pesimista!

Aquí tienes otra pista útil para detectar y modificar si nuestros pensamientos están siendo optimistas o pesimistas: cuando piensas de modo optimista, naturalmente interpretas las cosas que te pasan desde una perspectiva constructiva. Es lo que los psicólogos llaman «estilo explicativo». Vamos a comprobarlo con estas situaciones...

El examen

Dos estudiantes reciben las notas de sus exámenes.

El pesimista: «Soy un desastre. Esto siempre me sale mal. Todo me sale mal».

El optimista: «Ha sido un examen muy difícil. Además, tenía resaca porque fue la mañana después de mi cumpleaños. Voy a estudiar para que el próximo examen me salga mejor».

El atraco

Vas a un cajero para sacar dinero, pero cuando has terminado te atracan y hay un forcejeo. Te disparan. El ladrón desaparece con tu dinero y te quedas sentado en el suelo con el brazo malherido.

El optimista: «¡Uf! ¡Qué suerte he tenido! Si me hubieran disparado al corazón, ¡podría haber muerto!».

El pesimista: «¡Uf! ¡Qué mala suerte tengo! ¿Por qué siempre me pasan estas cosas a mí?».

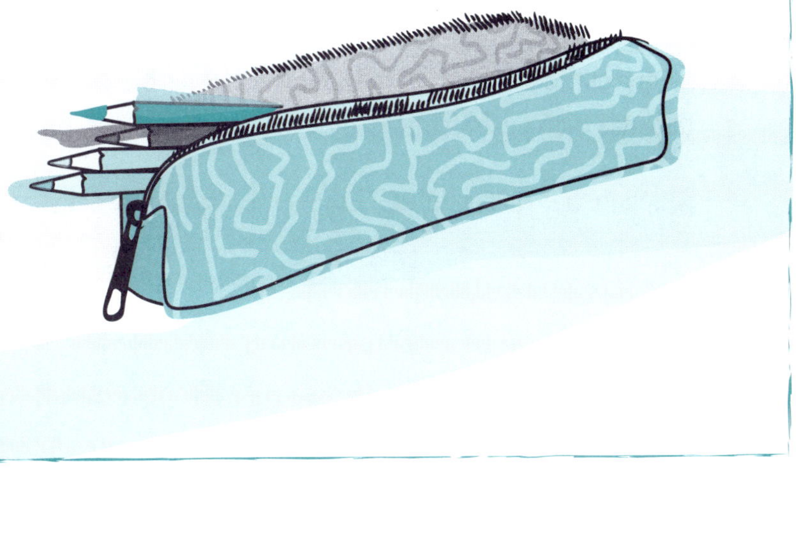

El estilo explicativo de los optimistas interpreta los acontecimientos de la vida como si estos fuesen algo temporal, cambiable y local. Por ello, los perciben y entienden del modo más abierto posible, sin echarse la culpa directamente y dando por sentado que, en cualquier caso, pueden intentar mejorarlos. Y con este modo activo y empoderado de interpretar la vida logran de hecho evitar y cambiar a mejor muchos problemas y circunstancias.

El estilo explicativo de los pesimistas, en cambio, es exageradamente autocrítico: el pesimista se culpa a sí mismo y piensa que el tema en cuestión no tiene arreglo. «Se me da mal esta materia», piensa, en vez de «ha sido un examen difícil, y además yo aquel día no estaba en forma».

Nuestro diálogo interno, y el estilo explicativo que solemos adoptar, determina en gran medida cómo experimentamos la vida. Y eso podemos modificarlo, ¡al menos en parte! Por ello el gran estadista y científico Benjamin Franklin aconsejaba: «No anticipes problemas ni te preocupes por lo que tal vez nunca ocurra. Quédate bajo la luz del sol».

¿A qué estilo interpretativo tiendes tú? ¿Más bien optimista o más bien pesimista?

¡Quédate bajo la luz del sol! Es una metáfora muy bella.

Los optimistas y los pesimistas, a grandes rasgos

Una de las diferencias más notables entre optimistas y pesimistas es la actitud, ACTIVA en el de los optimistas y PASIVA en el caso de los pesimistas. Donde el optimista se pone manos a la obra y busca maneras de resolver un problema, el pesimista se estanca. El optimista encuentra una solución o se adapta. El pesimista tiende a quejarse, resignarse o amargarse.

Otra diferencia es la actitud frente al éxito y el fracaso. Los pesimistas ven el éxito como algo breve y accidental, y el fracaso como algo probable, permanente y personal (se culpan por ello). Los optimistas, en cambio, esperan que les pasen cosas buenas, y si no les pasan interpretan los acontecimientos negativos como el producto de circunstancias pasajeras y variables.

No lo dudes: potenciar el optimismo en tu vida cotidiana te ayudará a ver nuevas oportunidades, a aprender de las situaciones y a mantenerte alerta y flexible. Esta actitud vitalista y creativa es adaptativa, es decir, nos ayuda a perseverar y perseguir nuestras metas. Y, como ya hemos visto, la ciencia confirma que los optimistas cuentan con más probabilidades de tener más amigos, conseguir más logros y disfrutar de mejor salud mental y física.

El pesimismo, en cambio, causa el efecto contrario: como propicia la creencia de que no vamos a ser capaces de conseguir algo, de entrada suele desmotivarnos. Un ejemplo concreto son los vendedores de seguros pesimistas, que inician y concluyen menos ventas y son menos productivos y persistentes; o los estudiantes pesimistas, que sacan peores notas comparados con los optimistas.

Somos más pesimistas en lo colectivo y más optimistas en lo individual

Tendemos a ser más pesimistas en lo colectivo, a imaginar que las cosas van peor de lo que van o que tienen difícil solución. ¿Por qué? Una de las razones es que cuanto más lejos sentimos que está el problema —cuanto menos control creemos que tenemos—, más pesimistas somos a la hora de calibrarlo. Así que sentimos que no podemos hacer mucho para controlar una pandemia, pero sí para evitar contagiarnos de un virus letal. Esto puede llevarnos a un optimismo iluso, que está de moda desde hace unos años debido al tipo de sociedad de consumo fácil y rápido en la que vivimos, que nos empuja a la obligación de ser felices sin reconocer el camino complejo que entraña la felicidad personal. ¡Hablaremos de ello en el siguiente capítulo!

¿Eres pesimista por naturaleza? Eso no es bueno para tu cerebro. Un estudio reciente revela que el pensamiento negativo repetitivo en la edad adulta está relacionado con el deterioro cognitivo y con mayores depósitos de proteínas dañinas, responsables de la enfermedad de Alzheimer y de la demencia, explica la doctora Natalie Marchant, psiquiatra e investigadora en el departamento de salud mental del University College de Londres. ¿Cuáles son los comportamientos más destructivos para el cerebro? Rumiar sobre el pasado y preocuparse por el futuro, es decir, mirar con pesimismo al pasado y al futuro.

¿Es lo mismo el optimismo inteligente que tener pensamientos positivos?

¡No lo es!... Sabemos que no basta con tener pensamientos optimistas para conseguir mejoras en nuestra vida. El optimismo ciego y las fantasías pueden ser agradables a ratos, pero definitivamente no nos ayudan a transformar y mejorar nuestra vida y el mundo que nos rodea; al contrario, pueden llevarnos a resignarnos y a adoptar una actitud de «no hacer nada», una actitud meramente soñadora.

A lo largo de la vida nos enfrentamos a problemas y retos variados y constantes: cuidar de nuestra familia, complicaciones de salud, pérdidas, problemas económicos, baches profesionales, injusticias... Y no necesitamos buenos deseos, sino ejercer una esperanza activa e inteligente, ser capaces de hacer planes claros que nos permitan adelantarnos a algunos problemas, solucionar otros y adaptarnos a los que no tienen solución.

De hecho, los estudios muestran que la esperanza juega un papel fundamental en nuestras vidas. Las personas con un nivel de esperanza alto tienen mayor número de metas, metas más complejas, más éxito a la hora de lograrlas, mayores niveles de felicidad, menos ansiedad, mejores habilidades para enfrentarse a los problemas, se recuperan mejor de las enfermedades y se desgastan menos en el trabajo.

El optimismo inteligente se asienta en una voluntad resolutiva: en la acción, y no solo en la ensoñación. Porque el optimismo sin voluntad de cambio y sin estrategia no sirve de mucho.

Hay una frase de Barack Obama que me inspira y que sintetiza a la perfección todo lo anterior:

«Que el mundo pueda mejorar depende de ti».

¿Puedo elegir ser más o menos optimista?

¡Sí!

Los humanos nacemos con una predisposición genética hacia el optimismo o el pesimismo, del mismo modo en que nacemos con una predisposición a tener un determinado peso corporal. Pero igual que a pesar de la genética nuestro peso puede variar de acuerdo a los hábitos de vida que adoptemos, nuestra tendencia natural al pesimismo o al optimismo también puede entrenarse como un músculo. ¿Cómo? Todo depende de los hábitos de vida, los pensamientos y las actitudes que adoptemos.

¿Y cómo puedo lograr ser más optimista? Practicando a diario los comportamientos típicos de los optimistas. «Cree que puedes y ya habrás hecho medio camino», decía el exuberante y entusiasta estadista Theodore Roosevelt.

A menudo me preguntan si es sensato ser optimistas. Lo cierto es que nos rodean tantos retos que es fácil sentirse impotentes. En las últimas décadas, estos retos se han acelerado, ¡y ya ni siquiera podemos intentar ignorarlos!... Nos bombardean noticias de todo lo que va mal.

Para las personas que han adoptado una mirada cínica, resulta evidente que la especie humana no es capaz de solucionar casi nada, que le puede la codicia y la maldad. Pero como apunta el economista y activista Angus Hervey, ¿sabes quién más piensa como los cínicos? Los adolescentes. «Eligen ser cínicos porque es lo más seguro. Para ellos, el mundo es un lugar incierto y desagradable, lleno de figuras de autoridad estúpidas. En vez de cambiar el mundo, es más fácil esconderte en tu habitación. Sin embargo, como sabemos todos los que hemos vuelto a leer nuestros diarios de la adolescencia, los adolescentes no son sabios. No entienden bien lo que está pasando. No tienen suficiente experiencia. Su supuesto cinismo puede parecer una rebelión, pero es una decisión basada en el miedo, el desconocimiento y la inexperiencia. Como adulto, no tienes excusa. El cinismo es perezoso. Es la salida fácil. Si solo esperas lo peor de la sociedad, no tiene por qué preocuparte estar equivocado o decepcionado. Y si te refugias en el cinismo durante mucho tiempo, te llevará a lo que Steven Pinker llama el pesimismo corrosivo.»

El cinismo y la desesperanza nos llevan a un mundo infantilizado en el que lo delegamos todo, miramos hacia otro lado, nos despreocupamos o nos lavamos las manos.

Estamos viviendo tiempos extraordinarios. Probablemente no recibamos nunca más una invitación del destino más generosa y urgente para cambiar nuestras vidas y, con ellas, el mundo en el que vivimos. Y aun sabiendo que arriesgarse, cambiar y luchar por nuestros ideales no es fácil, que el precio puede ser alto, que la derrota está casi siempre a mano y que el cementerio está lleno de valientes..., a pesar de ello, he querido esbozar aquí por qué merece la pena vivir con conciencia y optimismo, frente a vivir una vida resignada, mecánica y dirigida.

A menudo recuerdo las palabras del político uruguayo Pepe Mújica, una voz cargada de experiencia y de fuerza que nos recuerda que a pesar del desamparo, de los sueños frustrados y de las revoluciones fracasadas, debemos seguir mirando hacia adelante, luchar por los sueños que albergamos y creer en nuestra capacidad indudable de transformar este mundo a mejor...

«Se puede vivir porque se nació, como un escarabajo o una hormiga. ¡Pero la naturaleza nos hizo animales conscientes!... En parte, a nuestra vida le podemos dar un rumbo. Y si ustedes no le dan un rumbo deliberado, no se preocupen: el mercado se lo va a dar. Y se van a pasar toda la vida pagando cuotas y soñando que progresan comprando cosas a fin de mes, hasta que sean unos viejos inútiles.

«¿La alternativa? Que gasten parte de su vida al servicio de un poco de utopía, si quieren, de intentar construir un país mejor, una sociedad mejor para los que van a venir después de ustedes. Pero esa es una decisión consciente, que en alguna etapa de la vida hay que tomar... Y si tú no la tomas conscientemente, mecánicamente la realidad te va a arrastrar. Y vas a creer que progresar significa cambiar la moto por el auto, y después cambiar el autito por un Audi. Y así sucesivamente. Hay que elegir, porque probablemente, cuando seas viejo o vieja, y el reumatismo y los dolores de los huesos te paralicen, una tarde te mires a un espejo y te hagas la pregunta: "¿Habré traicionado al niño que llevaba dentro?". Pero ya será tarde.»

Cuando el psicólogo británico Richard Wiseman concluyó sus conocidos estudios sobre qué hacen las personas que tienden a tener buena suerte, invitó a muchas personas a poner los principios de la buena suerte y del optimismo en práctica en una «escuela de la buena suerte». Quería probar que los optimistas y los suertudos pueden aprender a serlo, y efectivamente, la gran mayoría de los alumnos de esa peculiar escuela conseguía mejorar su buena suerte hasta en un 80 por ciento.

Para que puedas ponerte manos a la obra y empezar a fortalecer las actitudes y estrategias optimistas que tanta falta nos hacen en tiempos extraordinarios —tiempos de cambios, retos y grandes incertidumbres—, aquí tienes un ramillete de propuestas para entrenar tu optimismo. Elige, descarta y comparte, pero recuerda esas dos palabras que nos incitan a cambiar el mundo poco a poco, uno a uno, sin perder la esperanza ni desperdiciar la fuerza que cada persona alberga dentro de sí:

«¡Luchen, muchachos!».

PREGUNTA A UN AMIGO SI TE VE OPTIMISTA O PESIMISTA

Si no estás seguro de dónde te sitúas en la escala del optimismo, la psicóloga Tali Sharot nos recuerda que, aunque tendemos a ser ciegos a nuestros propios sesgos, podemos detectarlos fácilmente en los demás. O lo que es lo mismo: que si alguien nos avisa (o si nosotros avisamos a los demás), podemos detectar nuestros propios sesgos y gestionarlos mejor, por ejemplo, matizando nuestro optimismo si es exagerado o, al contrario, gestionarlo y desarrollar hábitos y pensamientos optimistas si tendemos a la excesiva negatividad.

PASA MÁS TIEMPO CON PERSONAS OPTIMISTAS

Las emociones se contagian como un virus, sobre todo las emociones negativas (debido a nuestra tendencia evolutiva a fijarnos en lo negativo para poder sobrevivir). Se dice por tanto que somos la media de las personas que nos rodean, y por eso nos cuesta mucho ser más optimistas, inteligentes y creativos que nuestro entorno.

¡Así que pasa tiempo con personas optimistas!

Te ayudará a ser más positivo y optimista y mejorará tu autoestima y tu capacidad de disfrutar de la vida.

PISTAS RÁPIDAS PARA SER MÁS OPTIMISTA

- Encuentra una causa por la que apasionarte
- Céntrate en las posibilidades, no en las imposibilidades
- Lee historias que te inspiren
- Forma parte de un equipo
- Líbrate de las expresiones y palabras negativas («no puedo», «no sé», «sí, pero...», «nunca podré», «lo que de verdad me fastidia... odio... detesto... no soporto...»)
- Abre tu mente y trata de ver alguna situación desde otra perspectiva
- Practica a menudo el agradecimiento activo. Es un excelente antídoto para el negativismo
- Cuando te entren ganas de quejarte, ¡detente!... Abandona o reformula tu queja desde un ángulo positivo, que pueda enriquecerse o cambiar tu modo de ver la situación
- Escribe un diario de agradecimiento en el que cada día escribas tres cosas por las que te sientes agradecido
- Dile a alguien que le quieres, sonríe, da las gracias...
- Evita el chismorreo o escuchar chismorreos (¡generan emociones negativas que no son creativas o útiles!)

HAZ UNA PELÍCULA DE TU VIDA

Una de las maneras más eficaces de mejorar tu optimismo, según un metaanálisis de estudios sobre el impacto del optimismo, es el método de «mi mejor versión», que te invita a imaginar —o bien a escribir un diario— de ti mismo, en el que te describes en el futuro habiendo logrado todas tus metas vitales y resuelto tus problemas.

Otra versión de este método es imaginar una película de tu vida.

Crea una secuencia imaginaria de unos 30 segundos de cómo sería tu vida ideal, la que desearías vivir, y asegúrate de que incluya detalles específicos sobre cómo te verías en esa vida ideal..., cómo te sientes allí, dónde vives, qué estás haciendo, qué has logrado y cómo es tu vida.

Reproduce diariamente en tu mente esta «película» de tu vida. Puedes programar una alarma en tu teléfono para recordarte hacerlo durante varios días seguidos —y si puede ser dos semanas, mejor— para formar un hábito.

¡FELICÍTATE!

Podemos ser nuestros peores críticos. Así que, para evitarlo, ¡felicítate a diario! Acostúmbrate a regalarte un «bien hecho». Tómate unos minutos todos los días para hacerte esta pregunta: ¿qué he hecho bien hoy? Este simple gesto refuerza a diario tu optimismo. Los «bien hecho» se acumulan y eventualmente ayudan a consolidar la autoconfianza y eso es muy importante para lograr tener éxito.

¿Por qué solemos cambiar más fácilmente desde el dolor que desde la alegría?

El estadista y abolicionista Frederick Douglass decía que «No es luz lo que necesitamos, sino fuego; no es la suave lluvia, sino el trueno. Necesitamos la tormenta, el torbellino, y el terremoto». Y es que a menudo, efectivamente, parece que los humanos activamos nuestros poderes de transformación y cambio solo cuando las cosas se ponen difíciles o insoportables. Cuando ya no podemos con una situación, cuando están a punto de reventar las costuras... es cuando aceptamos cambiar de perspectiva, de entorno, de actitud o de opinión.

Esta resistencia al cambio genera un dolor innecesario. Sin embargo, es la forma más habitual de enfrentarnos a la transformación social y personal. Nos movemos cuando el dolor es más grande y menos confortable que el statu quo al que estamos acostumbrados... ¡Recuerda que somos muy adaptables! Nos resignamos y nos acomodamos en exceso.

Tal vez, poco a poco, aprendamos como especie y como individuos a llevar a cabo los cambios y las transformaciones que necesitamos desde la alegría y la ligereza, sin esperar a que el sufrimiento nos desborde.

¿Nuestra fuerza? Estamos programados para sobrevivir, y eso significa no solo que tenemos un claro sesgo negativo, sino también que todos albergamos, en algún lugar, el recurso a la esperanza y al cambio. Está allí dentro, aunque lo tengamos escondido u olvidado. ¡Actívalo!

ESCRIBE CARTAS DE AGRADECIMIENTO

Escribe cartas de agradecimiento. La gratitud es el indicador más fuerte de bienestar. Un ejercicio práctico que puedes realizar para aumentar tu capacidad para el agradecimiento es escribir una carta de gratitud real y significativa a alguien, y hacerlo de forma regular, por ejemplo cada pocas semanas. Emplea una página completa, o las que sean necesarias, para agradecer a alguien de corazón el impacto que ha tenido en tu vida, y tu sensación de bienestar aumentará seguidamente. ¡Entrega la carta en mano si te es posible!

IMAGINA A TU ENTRENADOR INTERIOR

Parte de la mentalidad del éxito está relacionada con conocernos a nosotros mismos y sentirnos responsables de nuestros actos. Una forma de reforzar esta mentalidad es imaginar que tienes un entrenador dentro de ti. Piensa en un modelo de persona que te ha inspirado y retado. Cuando te enfrentes a una tarea desalentadora, pregúntate: «¿Qué haría esta persona si tuviera dos informes que terminar y solo veinticuatro horas para hacerlo?». Y luego añade: «Yo también puedo».

ENTRÉNATE PARA DETECTAR LAS MEJORAS

Esta es una manera de entrenar tu sentido del optimismo, de ser más eficaz a la hora de reconocer en cualquier situación un patrón positivo, por pequeño que sea.

Describe con pocas palabras alguna situación o situaciones de tu vida que quisieras mejorar.

....

....

....

....

....

Ahora piensa alguna mejora que haya ocurrido en esta situación últimamente. Busca cualquier mejora, por insuficiente o pequeña que te parezca. Se trata de detectar una tendencia hacia la mejora.

....

....

....

....

....

....

....

Si no encuentras absolutamente ninguna mejora, por mínima que sea, deja esta situación y busca otra.

EL EJERCICIO FÍSICO MEJORA EL BUEN HUMOR... ¡MUÉVETE!

Hacer ejercicio mejora de forma inmediata nuestro estado de ánimo y nuestra autoestima. No hace falta hacer nada complicado y, además, hoy en día existen herramientas muy eficaces. Descubrí recientemente una app que me llevo a todas partes, incluso cuando viajo: es un programa de yoga (hay varios, excelentes en internet) del que puedo descargar pequeñas secuencias de posturas, que adapto a mis necesidades, variando el tiempo en función de mi horario, la música de fondo... Suelo usar programas cortos, de entre 10 y 30 minutos, en función de mi disponibilidad, ¡y así consigo seguir haciendo algo de ejercicio en cualquier lugar del mundo!

En los meses de confinamiento que todos hemos vivido, seguro que muchos de vosotros habéis descubierto lo fácil que es hacer ejercicio incluso sin salir de casa, así que no hay excusa. Sea en tu salón, en el gimnasio o en un parque... ¡Muévete! √

¡VISUALIZA BIEN!

Probablemente hayas oído hablar de la visualización, ¡aunque lo cierto es que tendemos a hacerla mal! ¿Por qué? Porque visualizar no debería ser una herramienta que solo sirve para soñar y sentirte mejor, sino para anticipar problemas y encontrar soluciones. ¿Cómo visualizamos bien? El psicólogo Eric Barker afirma: «Cuando visualices, emplea casi todo tu tiempo pensando en la mitad de tu guion o historia... El comienzo es predecible y el final es la parte divertida, cuando sales victorioso. Pero la parte de en medio es donde las cosas se vuelven confusas y feas, y una preparación extra puede ayudarte mucho a resolver problemas».

Para ello, plantéate diferentes formas de conseguir lo que quieres, ensáyalas, ten opciones y caminos alternativos. Te sentirás más preparado si las cosas no van como quieres, pues habrás ensayado otras formas de lograr tus metas. Y recuerda: no te culpes si las cosas salen mal. Eso es lo que tendemos a hacer, y no ayuda en nada. Simplemente, ¡mejora el plan y cambia tu estrategia!

En tiempos de desconcierto y cambios, las dificultades pueden ser muchas, y no solo objetivas y materiales, sino también fruto del estado de ánimo. Para ayudarnos a mirar hacia el futuro con optimismo, ojalá te inspire y mejore el ánimo hacerte estas preguntas regularmente:*

¿Qué debo agradecer hoy?

¿De quién voy a estar pendiente o con quién voy a conectar?

¿A qué expectativas de normalidad voy a renunciar hoy?

¿Cómo va a ser mi manera de respirar, de disfrutar de la luz exterior?

¿Cómo haré ejercicio?

¿Cómo voy a crear belleza, participar de ella o cultivarla?

* Preguntas sugeridas por el Departamento de Psicología de la Universidad de Berkeley para hacerse a diario en tiempos difíciles.

La meditación de la montaña

Los investigadores sugieren que las prácticas de entrenamiento mental como la meditación podrían ayudar a promover el pensamiento positivo y a reducir los pensamientos negativos.

El optimismo se entrena como cualquier músculo. Un estudio muestra que solo treinta minutos al día de práctica de meditación durante dos semanas provoca cambios medibles en el cerebro. Por ello, comparto aquí esta meditación clásica —la meditación de la montaña—, una forma relajante y bella de centrarte en el presente, calmar tu mente y mejorar tu optimismo.

Siéntate cómodamente, si quieres con la espalda apoyada. Acomódate y cierra los ojos. Siente la solidez y el contacto del suelo o de la silla en que estás sentado, sentada. Tus brazos y tus piernas pesan; tu espalda está fuerte, recta; tu cabeza relajada. La pelvis bien asentada. Fíjate en tu respiración, respira por la nariz. Tus respiraciones son tranquilas. Inspira. Espira. Despacio. No fuerces nada. Simplemente disfruta sintiendo el aire que entra y sale con calma. De forma natural, sin esfuerzo.

Tu cuerpo es perfecto como es, fuerte, sólido. Respiras tranquilamente, sin esfuerzo. Sigue tranquilo, tranquila. Piensa en una montaña a lo lejos. Ve centrándote en esa imagen. La ves más y más clara. Una montaña grande, bella, inmensa.

Mira su forma: la base está sólidamente anclada en el suelo. Sus cumbres, tal vez nevadas, tocan el cielo. Las laderas están suavemente inclinadas. Observa su belleza. Tal vez tenga riachuelos o cascadas. Praderas o un lago brillante. Sigue observando tu montaña. Cuando la veas clara y la sientas cerca, cuando estés preparado, preparada, empieza a fundirte con tu montaña, a sentirte uno con ella.

Absorbe su grandeza, su solidez, su fuerza. Conviértete poco a poco en la montaña. Tu cabeza es la cumbre alta, tu cuerpo y tus brazos son las laderas. Tus piernas y la base de tu espalda están enraizadas, ancladas en la tierra. Con cada respiración te conviertes más y más en la montaña. Tienes su fuerza. Su solidez. Eres una montaña que respira. Y mientras estás aquí, sereno, serena, sientes cómo el cielo, la luz y los colores que te rodean van cambiando. Que la superficie de tu montaña está llena de vida. El agua suena y discurre por sus cauces, la nieve se funde. La flora y la fauna lo llenan todo de una vida tranquila y constante.

Disfruta con este contraste entre la fuerza tranquila de la montaña que eres y la vida ligera y cambiante que te recorre y te llena. Siente el día lleno de un sol brillante y claro. Poco a poco, los sonidos y la luz se apagan, y llega la noche, llena de estrellas. Cambian también las estaciones. En otoño, la montaña se llena de colores. En invierno, hay una manta de hielo y de nieve. A veces la cumbre desaparece tras las nubes y la niebla. Luego reaparece tranquila y clara.

La montaña sigue siempre cambiante y sin embargo es siempre la misma. Serena, no depende de ninguna mirada, de ningún cambio de tiempo o de temperatura. Está ahí.

Cuando termines la meditación, llévate esta sensación de estabilidad y serenidad a tu vida diaria Y como si fueses una montaña, acepta los cambios de emociones y sensaciones que llenan nuestras vidas humanas. Acoge y protege como una montaña todo lo que tienes cerca, toda la vida que te rodea. Guarda dentro de ti la serenidad y la solidez de la montaña.

4

CUÍDATE, CUÍDAME: La revolución de la *cuidadanía*

Últimamente todo me parece frágil. Las personas, las leyes, las fronteras, los prejuicios y hasta las viejas costumbres. Todo parece tambalearse, mantenerse ahí solo por accidente, descuido o milagro.

Cuando me agobia esta sensación, intento no mirar hacia atrás ni hacia adelante. Me concentro en el presente: la luz del atardecer, el canto de un mirlo al alba, la caricia fresca de una brisa al final del día, una rama cargada de flores, con su belleza fugaz y frágil...

La sabiduría japonesa dice que precisamente porque nada dura, todo importa. Hay que disfrutarlo y amarlo antes de que desaparezca.

Para contrarrestar esta sensación de nostalgia y de fragilidad, llevo unas semanas practicando eso que llaman, con razón, «la magia del orden». Mientras ordeno alguna zona sospechosa de polvo y energía caduca, me pregunto lo de «¿y esto me da alegría...?». Hoy he abierto una caja forrada con papel de mariposas.

El primer documento que me ha saltado a los ojos es una fotografía en un recorte de periódico: un poblado de chabolas blancas en medio de un descampado árido.

No me ha hecho falta mirar el pie de la foto. Son las antiguas chabolas de Palomeras, hace décadas. Es un recuerdo que me produce a la vez alegría y melancolía.

Me trae a la memoria la mirada azul, profunda y compasiva de mi tío político, el sacerdote obrero Carlos Jiménez de Parga. Dedicó su vida a personas pobres, inmigrantes y presos. Desde los años sesenta vivió en su parroquia, en los asentamientos del Pozo del tío Raimundo en Palomeras, Vallecas, compartiendo la vida de los miles de andaluces y extremeños que llegaban a Madrid para ganarse el pan. Juntos lograron, tras décadas de lucha y sacrificios, construir una comunidad y cambiar las miles de chabolas insalubres por edificios modernos, con luz y agua.

Una tarde, cuando Carlos me contaba entusiasta los altibajos de esa intensa y difícil cruzada, recuerdo la tristeza que afloró de repente en sus ojos.

—Cuando por fin estuvieron listos los pisos, y se mudaron... ¡algunas personas se tiraban por las ventanas!

—¿Cómo? —pregunté, algo incrédula.

Asintió gravemente.

—Pasaba de vez en cuando. Saltaban y morían. No soportaban vivir encerrados...

—¿Echaban de menos sus chabolas?

—Echaban de menos sentarse a la entrada de la casa, charlar, sentirse acompañados... Tenían vecinos, sus gallinas y sus plantitas...

Suspiró. Nos miramos en silencio. Era fácil entenderle. Los humanos somos complejos: claro que necesitamos seguridad y comodidades, pero también necesitamos alimentar otras necesidades básicas y urgentes, entre ellas formar parte de una comunidad. Y resulta más fácil percibir el calor humano en un entorno cercano en el que asomas la cabeza por la ventana y hablas con la vecina, donde los niños corren a la vista y las puertas de las casas están casi siempre entreabiertas. Algunos no soportaron la nueva manera de vivir, aislados en pisos.

Lo cierto es que atravesar la vida sigue siendo, igual que hace siglos, como atravesar un campo de minas: las posibilidades de que te alcance un francotirador, de que caigas en una trinchera o de que te enredes en un alambre de púas aumenta a medida que pasa el tiempo. Al final, algo te alcanza y te hiere; algún día, lo hace de muerte.

Por fortuna, no siempre somos conscientes de esta fragilidad. Eso nos ayuda a vivir. De hecho, estas últimas décadas han sido un ejercicio colectivo de negación exagerada de nuestra vulnerabilidad. A golpe de distracción, hemos creído que podíamos esquivar la parte más dura de la vida, frenar su avance y evitar las tensiones de su continuo adaptarse y renacer.

Dice el escritor y sacerdote Pablo D'Ors que una de las lecciones de la pandemia del 2020 es recordarnos, precisamente, que somos vulnerables: «Darnos cuenta de que no somos dioses. Lo sabíamos, pero se nos había olvidado».

A final, cargados con nuestros sesgos, nuestros miedos, nuestros prejuicios, nuestra esperanza y nuestras desilusiones, la mayoría logramos no solo sobrevivir físicamente durante décadas, sino que a pesar del dolor y de las pérdidas seguimos milagrosamente aferrados a las ganas de vivir, de mejorar, de aprender y de seguir amando.

¿Por qué lo hacemos? ¿Cómo lo soportamos?

El milagro de que queramos continuar vivos a pesar de las decepciones, el dolor y las pérdidas se lo debemos en buena medida a los demás. Concretamente a la red de cariño,

El mejor indicador de felicidad y envejecimiento es el amor

En busca de las claves para una vida más longeva y feliz, en 1938 arrancó en Harvard un proyecto de investigación que ha seguido y examinado durante setenta y cinco años las vidas de más de setecientas personas. A lo largo de todos esos años, diversos equipos de investigadores analizaron muestras de sangre, realizaron escáneres cerebrales y examinaron múltiples encuestas y diversos parámetros. ¿La conclusión? Uno de los indicadores más importantes de salud, bienestar y felicidad, decisivo para un buen envejecimiento y una vida larga y plena, es la fortaleza de las relaciones con tu familia, amigos y entorno inmediato.

Afirma Robert Waldinger,[4] actual director del Estudio de Desarrollo de Adultos de Harvard: «No importa cuánto cobrarás de pensión de jubilación, ni en cuántas conferencias hablaste, ni cuántas entradas de blog escribiste o cuántos seguidores tenías en las redes o en cuántas compañías de tecnología trabajaste, o cuánto poder tenías allí. El mejor indicador de tu felicidad y satisfacción en la vida es, básicamente, el amor».

4 Waldinger protagoniza un TedTalk tan lúcido como sugerente. Os lo recomiendo: «The good life», https://www.youtube.com/watch?v=q-7zAkwAOYg&feature=youtu.be.

de necesidades y de rituales colectivos que tejen nuestras vidas en comunidad.

«La verdadera vida está en el encuentro», escribió el teólogo Martin Buber. Cuando nos relacionamos con los demás, nuestros hijos, nuestros padres y madres, abuelos, tíos, compañeros, amantes, amigos o vecinos, le damos un sentido a nuestra existencia. Porque los humanos somos seres profundamente sociales. Biológicamente, compartimos neuronas espejo que nos permiten acoplarnos a las emociones de los demás de forma inconsciente e inmediata. Contagiamos emociones como si fueran un virus, nos anticipamos a lo que sienten las personas, dependemos de su aprobación, de su afecto, de que nos llamen, nos miren y nos abracen. Nuestra vida cobra alegría y un sentido porque ellos también nos necesitan. Soportamos las pérdidas y los sacrificios, y seguimos adelante, por las personas que nos rodean.

Vivimos en una comunión humana.

Hace tiempo que sabemos a ciencia cierta que los humanos no están hechos para estar solos. «Hay que admitir que el hombre es un ser social. Podemos constatarlo en su aversión a la soledad y en su deseo de una comunidad más allá de su propia familia», apuntaba Charles Darwin, ya en el siglo XIX. Desde entonces, numerosos estudios contemporaneos han confirmado que las personas con vínculos afectivos más débiles tienen un 50 por ciento más de probabilidades de morir prematuramente, frente a los que tienen vínculos afectivos sólidos; o que sentirse desconectado de los demás presenta un peligro similar al de fumar 15 cigarrillos al día y que augura una muerte temprana, más aún que la polución del aire o la falta de actividad física.

Para lograr convivir y gestionar esta red humana, tan importante para nosotros, los humanos desarrollamos cerebros complejos, capaces de inventar mitos que nos unen y dotan a nuestras frágiles vidas de sentido.

Siempre ha sido así. Durante siglos la supervivencia física fue nuestra batalla diaria y prioritaria. Vivíamos sobre todo en modo supervivencia. El dolor emocional y el sentido de la vida quedaban relegados a un segundo plano, en manos de poetas, religiosos y filósofos.

El siglo xx nos permitió transformar nuestro modo de cuidarnos, de comprender cómo funcionamos biológicamente —de descifrar nuestras células, nuestra genética, nuestro cerebro— y también qué necesitamos para cuidar de todo ello: dormir, hacer ejercicio, comer saludablemente.

El siglo xxi está abriendo una nueva frontera en el cuidado de la salud. Superadas las necesidades más urgentes en la mayoría de las sociedades occidentales, este siglo nos pone frente a la posibilidad de atender un abanico mucho más extenso de necesidades humanas. En teoría, tenemos más tiempo, más medios y más calidad de vida para cuidarnos y comprendernos no solo en lo físico, sino también en lo emocional.

Entonces, ¿por qué no lo hemos aprovechado? ¿Por qué seguimos encerrados en los confines de una existencia limitada que no termina de reflejar la complejidad y la belleza del espíritu humano?

En parte ha sido por desconocimiento. Hablamos poco de nuestras necesidades. Nos hemos acostumbrado a ignorarlas o distraerlas. Tenemos un cerebro complejo y muy subjetivo, que no entendemos bien. Tal vez por eso no sabemos bien lo que queremos.

Los sapiens son dioses que no saben lo que quieren

Llamamos a nuestra especie *Homo sapiens*, es decir, humano sabio o astuto. En su libro *Sapiens*, Yuval Noah Harari habla de que hace 70.000 años éramos un animal insignificante que vivía en una pequeña parte de África del Este. Desde entonces nuestros complejos cerebros humanos nos han permitido convertirnos en un colectivo conectado que domina el planeta entero. Durante las últimas décadas hemos priorizado el crecimiento económico y los avances científicos. En este sentido actuamos como dioses. A cambio, hemos normalizado nuestros instintos más violentos y hemos ignorado, como si fuesen caprichos, algunas de nuestras necesidades más profundas: la conexión con la naturaleza, las relaciones humanas de calidad, el tiempo para todo aquello que nos nutre y nos gratifica...

Y el resultado es que, aunque vivimos cada vez mejor en términos materiales, no somos más felices que en el pasado. El problema con los humanos, dice Harari, es que somos dioses que no sabemos lo que queremos. Nos perdemos en los laberintos del cerebro humano.

Los laberintos del cerebro humano

Para mantenernos no solo vivos sino también cuerdos, la naturaleza nos dota de mecanismos mentales variados. Son formas de pensar automáticas con las que interpretamos el mundo que nos rodea. Los llaman sesgos —son tendencias o atajos mentales— y funcionan como reglas sencillas que nos ayudan a darle un sentido al mundo y a tomar decisiones rápidas que contribuyen a nuestra supervivencia. Nuestros sesgos mentales son innumerables y a menudo se contradicen unos a otros. Y es que la mente humana —como la naturaleza entera— conforma un complejo equilibrio que brota, se deshace y renace para mantenerse a flote, y dentro de cada persona conviven los miedos básicos con la esperanza indomable.

Están los sesgos negativos, que nos llevan a exagerar y a memorizar el peligro para que andemos con los ojos bien abiertos y no caigamos en la trinchera. Están también, pugnando por alegrarnos la vida, los sesgos positivos, que nos llevan a creer que donde vemos que los demás fracasan o sucumben, nosotros saldremos adelante. Es una creencia ciega, y como resulta difícil creérsela sin más, la mente recurre a otros sesgos para que seamos confiados. Por ello tendemos a prestar atención y credibilidad solo a lo que confirma lo que ya creemos; echamos la culpa a factores externos —y no a nosotros mismos— cuando las cosas no van como queremos; para sentirnos seguros, dividimos el mundo en buenos —nosotros y nuestra tribu— y malos; descartamos evidencias que no concuerdan con nuestras ideas y prejuicios, y si sabemos un poco acerca de algo, nos convencemos de que en el fondo lo sabemos todo.

Así vivimos, a menudo equivocados, pero más serenos.

Nuestros prejuicios están profundamente arraigados en nuestra cultura y en nuestras cabezas. El filósofo moral Jonathan Haidt compara nuestra mente consciente con un jinete a lomos de un elefante, que representa el inconsciente. El jinete cree que está dirigiendo al elefante, pero en realidad se está dejando llevar.

Si estuviera en mi mano, de todos los sesgos humanos eliminaría el sesgo de autojustificación.

Cuando tomamos una decisión equivocada tenemos dos opciones: asumir nuestro error y repararlo; o bien buscar alguna justificación que nos ayude a evitar sentirnos responsables, y evadir así el malestar o la sensación de culpabilidad. Tendemos a esto último. Para tener la conciencia tranquila, intentamos justificar nuestros actos y caemos así en el llamado sesgo de autojustificación.

No le damos la importancia que tiene, pero es cómplice de muchas de las paradojas más crueles y cotidianas de nuestra realidad. Es el causante de la extraña capacidad que tenemos de ser testigos del dolor de los demás, y sin embargo ignorarlo o justificarlo.

Se complementa con otro sesgo humano: la capacidad de desconectar del dolor cuando pertenece a colectivos muy amplios o lejanos, porque son de una cultura o de una especie diferentes.

Simplificamos o desconectamos para no sentirnos abrumados.

Por ello decía Elie Wiesel, premio Nobel superviviente de los campos de concentración nazis, que peor aún que el odio es la indiferencia.

Cierra la brecha del edadismo

No solo tenemos el cerebro estructurado en torno a multitud de sesgos cognitivos, sino que además solemos albergar distintos sesgos culturales: por ello nos dividimos rígidamente entre hombres/mujeres, blancos/negros, delgados/gordos, heterosexuales/homosexuales... Basamos nuestra identidad en lo que supuestamente nos separa, y lo exageramos en vez de centrarnos en lo que nos une.

Estamos logrando cuestionar y denunciar muchos de estos sesgos; tenemos la fortuna de vivir en tiempos donde han surgido movimientos globales tan potentes como el #metoo, el #blacklivesmatter o el Extinction Rebellion. Pero a pesar de ello, inevitablemente seguimos cargados de prejuicios sociales, biológicos y evolutivos que se manifiestan en nuestra forma de hablar, de pensar y de vivir.

Uno de los prejuicios que todavía subyace intocable en nuestras vidas cotidianas es el edadismo. El edadismo es la tendencia a discriminar a alguien por su edad. Es una lacra viva y muy dañina, que «jubila» a las personas o las descarta en función de su edad biológica. Junto al sexismo y al racismo, es uno de nuestros grandes prejuicios, pero a diferencia de los dos anteriores —a los que empezamos a combatir de forma sistemática—, el edadismo lo tenemos tan incorporado a nuestra vida cotidiana que lo aceptamos sin rechistar. ¡Aún no nos hemos dado cuenta de que somos profundamente edadistas!

La base del edadismo se ancla en una creencia popularmente aceptada acerca del cerebro humano: en el mundo entero: los humanos tendemos a creer, sin cuestionarlo, que la vida del cerebro llega a su esplendor en torno a los veintinueve años, y que empieza a deteriorarse seriamente a partir de los cincuenta y tres años. Es una creencia equivocada. Afortunadamente, la ciencia está empezando a derribar varios mitos falsos acerca del cerebro humano. Lo cierto es que nuestro cerebro tiene ciclos, con sus picos, sus valles y sus mesetas. No existe un declive estable de nuestras habilidades. Tanto es así que muchas de nuestras habilidades cognitivas mejoran pasados los treinta años, ¡y algunas incluso mejoran hasta los sesenta y setenta años!

Como sociedad, nos encontramos con la paradoja de que somos capaces de denunciar algunos prejuicios, pero seguimos ciegos ante otros. Por ejemplo, la sociedad —al menos en muchos países en Occidente— empieza a admitir y legislar a favor de que las personas puedan vivir de acuerdo al género que libremente eligen. Y sin embargo, ¡nos mantenemos rígidos ante el tabú de la edad!¿Por qué puedo cambiar de género pero tengo que ser prisionero de mi edad? El género lo determinan aquellas actitudes, sentimientos y comportamientos que una cultura asocia con el sexo biológico de una persona. Sabemos que la identidad de género es una construcción social que gestionamos en gran parte desde el cerebro. Y podemos elegir en buena medida esas actitudes y comportamientos.

Entonces, ¿por qué nuestra edad biológica debe determinarnos tanto como personas?

¡La edad también está en el cerebro!

La edad se expresa a través de comportamientos y parámetros característicos —por ejemplo, de adaptabilidad y curiosidad— que son, más allá de la biología, lo que de verdad importa y define a una persona. Pero la sociedad nos restringe y manipula, nos juzga y limita también en función de la edad, entendida como un número, una circunstancia biológica inamovible. Usamos un lenguaje edadista, que rechaza e incluso desprecia a las personas por su edad.

No podemos limitar la infinita variedad de una persona, su creatividad, su complejidad como ser humano por culpa de los años que tiene o que deja de tener. Es una frontera mental, una barrera que tenemos que derribar.

¿Cómo envejece el cerebro?

LO QUE YA SABÍAMOS...

La velocidad de procesamiento de la información llega a su pico en torno a los dieciocho años; la memoria a corto plazo llega a su pico a los veinticinco años y empieza a declinar sobre los treinta y cinco.

LO QUE NO SABÍAMOS...

La inteligencia cristalizada (vocabulario, aptitud matemática, conocimiento general o comprensión verbal) mejora hasta los setenta años. También mejoran la percepción emocional (reconocer las emociones de los demás y gestionar las emociones negativas) y la capacidad de perseverar, mantener la atención y la concentración...

A cualquier edad, eres mejor en algunas cosas, peor en otras y estás estable en otras. ¡No hay una edad en la que estás en momento «pico» para una mayoría de habilidades!

¿QUÉ EDAD SIENTES QUE TIENES?

Imagina por un momento que no tienes certificado de nacimiento. Tu edad va a ser la que tú sientes que tienes... ¿Qué edad te pondrías?

Es una pregunta importante, porque resulta que esa edad que tú te pones —la llamada edad subjetiva— puede tener más importancia que tu edad real, la edad biológica.

Solemos sentirnos o más jóvenes o más mayores de lo que realmente somos. ¡Y esta edad subjetiva puede tener un impacto importante en nuestra salud mental y física! Podría tener incluso algo que ver con por qué algunas personas cumplen años y están muy bien y otras en cambio se debilitan y desgastan de forma mucho más visible. Sabemos que, si te sientes joven, mejoras tus posibilidades de tener una mejor salud física y en el futuro ese «sentirte joven» disminuye tus posibilidades de ser hospitalizado o padecer demencia. En cambio, si te sientes mayor de lo que eres, te expones a una probabilidad de morir de hasta un 25 por ciento más alta.

Ese es el impacto de nuestra edad subjetiva en nuestra salud física. Pero, ¿y en nuestra salud mental y emocional?

Sabemos que, a medida que cumplimos años, en general nos volvemos menos extrovertidos y menos abiertos a nuevas experiencias. Esa es la tendencia general. Pero hay personas que envejecen sin perder su curiosidad o sus ganas de seguir explorando el mundo. Esas personas son las que sienten que tienen una edad subjetiva más joven que su edad biológica.

¿Quiere eso decir que si te sientes joven en el fondo eres un Peter Pan inmaduro? ¡No! Porque esas personas que se sienten jóvenes, y que siguen con ganas de nuevas experiencias y abiertas al mundo, en cambio sí que maduran como los demás: se vuelven más estables emocionalmente y más responsables, pero sin perder sus ganas de vivir y la energía de la juventud. ¡Combinan lo mejor de los dos mundos! ¡Así que es muy recomendable sentirse más joven que lo que pone en nuestro carné de identidad! Nos permite hacernos sabios sin perder la chispa.

Afortunadamente, ¡la mayor parte de las personas nos sentimos unos ocho años más jóvenes de lo que dice nuestro certificado de nacimiento!

Recapitulando: la razón de buena parte de nuestra forma algo caótica e incoherente de pensar y de vivir se debe a que tenemos un cerebro muy potente, pero al que entendemos mal. El cerebro nos arrastra a una forma de vida centrada en la lucha por la supervivencia, a través de la búsqueda del placer inmediato.

Desde el final de la Segunda Guerra Mundial, hemos vivido décadas de bonanza y crecimiento económicos que nos han llevado a priorizar la comodidad material y lo individual frente a lo colectivo. Hemos actuado como si el agua caliente, la sanidad y un techo confortable fueran suficiente.

¿Qué es el bienestar?

Después de la Segunda Guerra Mundial, William Beveridge, un economista y político británico, redactó los documentos que pusieron en funcionamiento un Estado que se preocupara por todos sus ciudadanos, que pudiera satisfacer sus necesidades básicas, según sus palabras, «de la cuna a la tumba». Beveridge fue uno de los teóricos que impulsaron las bases de lo que hoy conocemos como el Estado del bienestar. Hemos avanzado mucho desde entonces, sin duda. Han pasado décadas y, sin embargo, obsesionados por la reconstrucción física, olvidamos que el bienestar es mucho más que una serie de números. Una comunidad sana debe cuidar de otros elementos que afectan a nuestras vidas. Tenemos que hacer una reflexión colectiva sobre lo que necesitamos para sobrevivir, no solo en términos económicos, sino en términos de bienestar.

Necesitamos, por supuesto, aquello que nos permite sobrevivir en lo físico, que nos da seguridad. Necesitamos también esas redes de afecto humano básicas, que nos ayudan a acceder a los andamiajes de la confianza en uno mismo, a los sueños hechos realidad, al reconocimiento de los demás... Pero también necesitamos construir nuestras vidas con habilidades humanas más complejas, con la capacidad de decidir desde la moralidad, para llevar vidas creativas, libres, sin prejuicios.

Un humano que conoce los laberintos de su cerebro, que cultiva su interdependencia con el resto del mundo y que alimenta su necesidad de soñar, de sentirse libre y creativo, logra superar muchos de los retos y dificultades constantes de la vida humana. Y lo logra apoyándose sobre nuestra capacidad innata para el optimismo y la esperanza.

Cómo sobrevive la esperanza

El campo de refugiados de Moria, en la isla griega de Lesbos, es un lugar rodeado de alambradas donde se hacinan miles de personas. Es el final del sueño europeo para muchos hombres, mujeres y niños que dejaron su tierra —Irak, Siria, Somalia, Burkina Faso, Guinea-Bisáu, Sudán, Nigeria, Burundi, Zimbabue o Birmania— en busca de un futuro mejor y acabaron encontrando el desolador paisaje de este lugar. En el campo, las condiciones de vida son durísimas y parece difícil que la esperanza pueda mantenerse durante demasiado tiempo.

El periodista Sam Wollaston, de *The Guardian*, quiso comprobar por sí mismo cómo los seres humanos logran sobrevivir en un entorno tan hostil y buscar entre tanto dolor historias de resiliencia y de solidaridad. Cuenta que llegó a Moria en busca de esperanza y que trabajar allí fue una experiencia increíble, pues fue testigo de actos de bondad por parte de personas realmente extraordinarias. Las muestras de buena voluntad, el sentido del humor, la generosidad, pese a todo... Wollaston afirma que en esos tres días recuperó la fe en la humanidad: «Me ofrecen pan caliente recién salido de uno de los muchos hornos de Moria, los niños me dan semillas, un grupo de muchachos iraquíes de pie junto a una hoguera me ofrece shisha. El idioma a veces es un problema, pero resulta que es posible discutir sobre el Manchester United por señas. Los trabajadores sociales muestran mucha humanidad. Amables mujeres danesas distribuyen ropa; un grupo de cristianos holandeses reparte cajas de juguetes; un británico de mediana edad con experiencia en ingeniería lidera un equipo para mantener las duchas, baños y alcantarillas

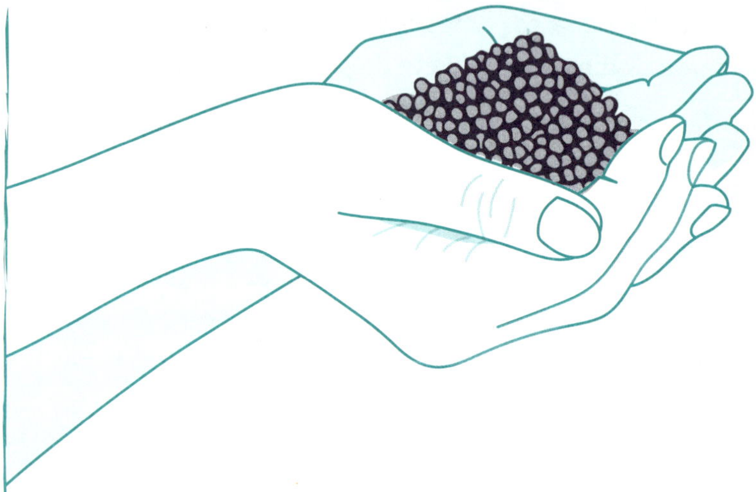

del campamento. Hay cientos de voluntarios, en su mayoría jóvenes. No son insensibles: quieren marcar una diferencia. He conocido a muchos que vinieron para pasar unas semanas y terminaron quedándose un año, a veces dos. "Hay amor y comunicación entre personas de diferentes países: todos podemos estar juntos, compartir una comida, discutir algo. Podemos aprender unos de otros, inspirarnos, apoyarnos. Esto es asombroso", dice Ali, que trabaja en una ONG».[5] La esperanza es capaz de florecer hasta en el infierno, cuando somos capaces de apoyarnos, de establecer redes de solidaridad y empatía.

---

5 https://www.theguardian.com/world/2020/feb/18/librarian-moria-tales-hope-refugee-camp.

Es más fácil gestionar nuestra humanidad a base de números racionales que de anhelos, sueños y afectos. Pero la abundancia material no puede compensar un capital social decreciente y un mundo cada vez más vigilado y estrecho: en el mundo entero, cada vez nos sentimos más solos y tenemos menos personas de confianza en las que apoyarnos; cada vez encontramos más comodidades, pero menos retos y sentido a nuestras vidas.

Nuestro entorno lo refleja: vivimos en ciudades donde consumir y distraerse es fácil. Sin embargo, hemos descuidado muchos otros aspectos fundamentales para nuestro bienestar. Hemos cuidado poco los espacios comunitarios, evitando gastar tiempo y dinero en lugares y parques donde pudiéramos reunirnos y hacernos compañía; nos encerramos en pisos pequeños y aislados que no nos ayudan a relacionarnos con los demás ni a incorporar a nuestra vida cotidiana el mundo natural que tanto necesitamos; tenemos familias menguantes y nucleares, cada vez más frágiles; hemos dado la espalda a las necesidades y al dolor de las demás especies, potenciando una alimentación basada en la agricultura y la ganadería intensivas; hemos reemplazado el cara a cara con conexiones esporádicas y a menudo insatisfactorias en las redes sociales; trabajamos lejos de casa, largas jornadas desgastantes y solitarias...

Y así, terminamos viviendo de espaldas a muchos de nuestros anhelos y necesidades humanas. Nos simplificamos, nos reducimos. Olvidamos que hay muchas cosas que no podemos comprar en un mercado, por variado y atractivo que resulte; cosas que no solo nos protegen y nos confortan, sino que nos inspiran y nos consuelan.

Son las necesidades más escondidas, pero no menos urgentes, del espíritu humano: ese espíritu que nos hace fuertes, libres y nómadas.

Como una respuesta a una pregunta silenciosa, en mi caja de mariposas encontré también esta imagen, un facsímil de un anuncio supuestamente publicado hace cien años en un periódico británico por el explorador Ernest Shackleton, que buscaba voluntarios para una expedición a la Antártida. Su extraordinaria gesta con un grupo de 43 navegantes conforma uno de los ejemplos más inspiradores de nuestro espíritu humano y su capacidad de afrontar y superar colectivamente grandes peligros.

Bldg. Barker, 1403 Chap-

MEN WANTED

for hazardous journey, small wages, bitter cold, long months of complete darkness, constant danger, safe return doubtful, honor and recognition in case of success.

Ernest Shackleton 4 Burlington st.

MEN—Neat-appearing young
pleasing

«Se buscan hombres para viaje peligroso, poca paga, frío cruel, largos meses de oscuridad completa, peligro constante. El retorno seguro es poco probable, honor y reconocimiento en caso de éxito.»

El espíritu de este anuncio está en las antípodas de la vida ordenada y predecible que solemos vivir en nuestro mundo contemporáneo.

Y de repente, ha pasado lo inconcebible

En nuestro mundo 24/7, las luces se han apagado, las distracciones han desaparecido y ha resurgido el silencio.

Como dos boyas en una tormenta, durante la pandemia del coronavirus se han evidenciado dos características que habíamos enterrado bajo el ruido y la velocidad de nuestra forma de vida hipermoderna: que los seres humanos somos vulnerables, y que nuestra vida en comunidad —nuestra interdependencia física y emocional— es de vital importancia para nuestro bienestar, más allá de lo material.

Estamos interrelacionados

Resulta llamativo que las décadas que han pasado desde que Martin Luther King escribió este texto en 1967 no solo describen una realidad actual y contemporánea, sino que han incrementado nuestro grado de interdependencia.

«Toda la vida está interrelacionada. Todos estamos atrapados en una inevitable red de mutualidad, atados a un mismo destino. Lo que afecta a uno directamente, afecta a todos indirectamente. Estamos hechos para vivir juntos debido a la estructura interrelacionada de la realidad. ¿Alguna vez te has detenido a pensar que no puedes ir a trabajar cada mañana sin depender de buena parte del mundo? Te levantas por la mañana, vas al baño y buscas la esponja, posible gracias a un isleño del Pacífico. Coges una pastilla de jabón y te la da un francés. Y luego vas a la cocina a tomar tu café, que vierte en tu taza un sudamericano. Y tal vez quieras té: alguien de China lo vierte en tu taza. O tal vez desees tomar cacao para el desayuno, y lo vierte en tu taza un africano occidental. Y luego buscas tus tostadas, y eso te lo dan las manos de un granjero de habla inglesa, sin mencionar al panadero. Y antes de terminar de desayunar has dependido de más de la mitad del mundo. Así es como está estructurada nuestra cotidianidad. No vamos a tener paz en la Tierra hasta que reconozcamos este hecho básico de la estructura interrelacionada de toda la realidad.»

Afortunadamente, durante estos meses hemos experimentado la fuerza de nuestra interdependencia quizá con más fuerza que nunca, a pesar de la mal llamada distancia social. De hecho, hacía décadas que no surgían en todo el mundo tantas iniciativas solidarias espontáneas, tantas personas dispuestas a apoyarse y comunicarse en tiempos difíciles. La distancia social ha sido, sobre todo, una distancia física, y hemos aprendido a superarla.

De la misma forma que nos equivocamos al llamar «distanciamiento social» al confinamiento, nos equivocamos en el uso de la palabra «social» en otros ámbitos. El periodista George Monbiot afirma, con enorme lucidez, que cuando hablamos de seguridad social, de red social, nos referimos en el fondo a una seguridad económica, a una red económica que de algún modo debería proporcionarnos el gobierno, pero que en realidad proviene de la comunidad. «No podemos reemplazar vidas sociales ricas con relaciones frías y transaccionales. La comunidad no reemplaza el Estado, aunque es un complemento esencial. Tengo la sensación de que algo se está gestando ahora, algo inesperado que nos estábamos perdiendo: la emoción y el poder de transformación de la ayuda mutua»,[6] sostiene Monbiot.

En lo emocional y en lo social, la pandemia nos ha reconectado y hermanado. Nos ha humanizado, en el sentido

6 «A zombie love story», *The Guardian*, 2 abril 2020. https://www.monbiot.com/2020/04/02/a-zombie-love-story/

de invitarnos —u obligarnos— a echar mano de capacidades humanas como la resiliencia y la generosidad.

Durante el confinamiento, hemos sentido emociones muy contradictorias: el duelo colectivo, la inseguridad, el miedo al futuro, la sensación de fragilidad... Pero también el asombro ante la recuperación del medio ambiente, el consuelo de las redes humanas, la admiración por las profesiones que han cuidado de la comunidad, la capacidad de vivir aislados, de disponer de tiempo de calidad con nuestras familias e hijos, de descubrir el placer de estar solos, de desarrollar aficiones, de tener tiempo para todo aquello que hemos postergado desde hace mucho... la relativización, en fin, de los valores derivados de la sociedad de consumo, que habíamos aceptado como inamovibles e inevitables.

Pero nuestra forma de vivir no es en absoluto inevitable.

Tal vez por ello, porque muchos estamos despertando a lo que nos estábamos perdiendo, un estudio reciente del Gobierno británico encargado por la Royal Society of Arts revela que solo el 9 por ciento de los británicos quiere volver a una vida «normal» después de la pandemia. La gran mayoría afirma que valora más que antes cosas esenciales como la comida sana, el aire limpio y el sentimiento de pertenencia a una comunidad. Estas realidades de nuestra vida nos parecen ahora esenciales.

¿Por qué hemos necesitado un trauma y una amenaza colectiva para darnos cuenta de que vivimos de espaldas a nuestras necesidades básicas?

El filósofo Friedrich Hegel defendía que las grandes catástrofes producen pureza, nos muestran lo que es importante y lo que es pasajero. La ciencia nos dice que somos adaptables y que nos acostumbramos a nuestras vidas. Solo cambiamos con facilidad frente a las grandes crisis o el enamoramiento, pues ambas circunstancias hacen que nuestro cerebro se vuelva más plástico, es decir, más flexible.

El economista e historiador Walter Scheidel nos recuerda que a lo largo de la historia tan solo cuatro grandes acontecimientos han sido capaces de propulsar una mayor igualdad en nuestras sociedades: la guerra, el colapso del Estado, las revoluciones y las pandemias. Un ejemplo: la peste negra del siglo XIV, que mató a un tercio de la población europea, redujo enormemente la desigualdad, porque el precio de la mano de obra aumentó. Más recientemente, en el siglo XX, dos guerras mundiales catastróficas y la revolución comunista nos condujeron a una larga época de menor desigualdad social, que duró hasta principios de la década de 1980 y dio pie al Estado del bienestar moderno. ¿Quiere eso decir que esta pandemia del 2020 podría convertirse en un detonador de justicia social? «Depende de lo severa que sea la crisis, de cuánto dure y de si destruye las cadenas de abastecimiento. Cuanto más daño genere la pandemia, mayor será su potencial de cara a un cambio de sociedad radical», responde Scheidel.

Cuando aprendamos a cambiar y transformar no solo desde los acontecimientos dramáticos, sino también desde la consciencia, la racionalidad y la alegría habremos dado un paso de gigante.

Por eso, porque tendemos a olvidar lo que nos hace humanos en el mejor sentido de la palabra, aquello que nos ayuda a vivir mejor, necesitamos una sociedad que invite explícitamente a vivir de acuerdo a determinados valores, en vez de poner todo el énfasis en la obsesión por el crecimiento ilimitado, a cualquier precio.

Necesitamos crear entornos donde pueda desarrollarse lo mejor de nuestra humanidad. Pero hay algo que me gustaría destacar: hablamos de nuestra humanidad como si fuese una cualidad inherente a nuestra condición humana; como si fuese algo —un hígado, un riñón— que pudiésemos perder: «estamos perdiendo nuestra humanidad», «la gente se ha deshumanizado», «esto es inhumano», se suele escuchar.

Sin embargo, la humanidad no es una cualidad intrínseca: es una actitud duramente ganada, arrancada de las garras de la codicia, de la crueldad, de las ganas de medrar, de no compartir, de ser más que, de hablar «de lo mío», de los laberintos y el miedo del cerebro humano, programado para sobrevivir. Hemos ido forjando la humanidad tras milenios de vida dura, de muerte prematura, de miedo a no poder, de angustia, de frío y de envidia.

Cuando hablamos de humanidad, hablamos de una capacidad, de una tendencia, de una posibilidad. Hablamos de una elección, de una batalla, de una superación.

El periodista Kenan Malik dice: «Cuando pensamos en héroes, solemos pensar en figuras sobrehumanas, ficticias o mitológicas, desde Aquiles hasta Churchill, desde Juana de Arco hasta James Bond. Son sobrehumanos porque logran lo que los simples mortales no pueden. En las últimas semanas hemos descubierto nuevos tipos de héroes: enfermeras que trabajan con una protección inadecuada, personal sanitario que muestra una dedicación extraordinaria, conductores de autobuses que continúan transportando a trabajadores clave. Pocos de ellos querrían ser descritos como héroes. La mayoría se ven a sí mismos como gente normal que realiza trabajos ordinarios en circunstancias extraordinarias. Lo que demuestran es que el heroísmo es un atributo muy humano. No es ser sobrehumano, sino ser humano al máximo. Se ha puesto de moda denigrar a los humanos por egoístas o insensibles. Muchos lo son. Pero muchos más son entregados, compasivos y amables. Los humanos pueden ser mucho mejores de lo que a menudo creemos».[7] El heroísmo puede ser un atributo muy humano.

Nuestras asignaturas pendientes

El filósofo moral Toby Ord dice que la humanidad está en la adolescencia, y que, como un adolescente, tiene la fuerza de un adulto pero no la capacidad de la paciencia ni la previsión, así que somos un peligro para nosotros mismos hasta que maduremos. Por ello, si queremos sobrevivir, es vital que dibujemos un marco moral de referencia mucho más amplio de lo que es correcto y de lo que no lo es. Hoy en día denostamos el futuro, no le hacemos caso alguno, no tenemos en cuenta cómo nuestras decisiones afectarán a cientos de generaciones que vendrán —o no— después de nosotros.

«Nuestros descendientes son como los colonos: están políticamente privados de voz, no tienen nada que decir acerca de decisiones que, sin embargo, les van a afectar, o podrían incluso impedirles vivir. Pero que no puedan votar no quiere decir que no puedan ser representados.»

7 https://www.theguardian.com/commentisfree/2020/apr/26/heroism-is-the-most-human-of-qualities.

Da voz a los seres vivos a los que nunca escuchamos

En un mundo en el que poco a poco, y con dificultad, estamos aprendiendo a escucharnos y respetarnos, tal vez no resulte demasiado sorprendente que ni se nos ocurra dar voz a aquellos que no pueden hablar.

Hay dos colectivos inmensos que algún día tendrán voz, pero que ahora todavía están completamente silenciados: los seres vivos no humanos. Y también los humanos que no han nacido, las generaciones futuras. ¡Debemos tener en cuenta estas voces!

Os invito a que nos abramos a estos dos colectivos con una propuesta sencilla: escribirles una carta dándoles voz.

¿QUÉ QUISIERA MI NIETO?

¿QUÉ QUISIERA UN SER VIVO QUE NO TIENE VOZ?

IMAGINA SU VOZ.

La hermana de la política británica laborista Jo Cox, asesinada en 2016, apuntaba en el aniversario de la muerte de esta: «¿Cómo puede ser que todavía estemos viviendo en un mundo donde se abusa, ataca y mata a las personas por el color de su piel? ¿Cómo es posible que vivamos en un mundo supuestamente mejor conectado que nunca, pero donde tantas personas se sienten solas? ¿Y cómo es posible que tantos de nosotros todavía seamos incapaces o nos resistamos a escuchar las opiniones de los demás de forma civilizada y respetuosa?».

Vivimos tiempos que nos invitan urgentemente a no ser cómplices —aunque sea a través de la indiferencia— de las injusticias sociales, sino a participar activamente en la resolución de nuestros conflictos y prejuicios. Nunca hemos tenido tantas plataformas para informarnos, denunciar y transformar.

Como hemos ido comentando a lo largo de estas páginas, el cerebro humano tiende a albergar numerosos prejuicios que desembocan en actitudes sexistas, xenófobas, edadistas... El único modo de contrarrestar esta tendencia es encender la luz sobre los prejuicios, cuestionar nuestras creencias, nuestras palabras y nuestros comportamientos.

A muchas personas, esta manera de vivir «vigilantes» les resulta desagradable y excesivamente crítica. Rechazan lo que consideran «la corrección política». Pero no se trata de demonizarse o reprocharse, sino de aceptar la realidad científica de que el cerebro humano —el de todos y cada uno de nosotros— tiende a organizarse de acuerdo a sesgos subjetivos y repetitivos. Y si queremos vivir de forma más inteligente y más justa, debemos desactivarlos de modo consciente y cuidadoso. Por eso es fundamental, por ejemplo, cuidar las palabras que usamos, porque reflejan lo que pensamos inconscientemente, y cuando las cambiamos, a la larga también cambia nuestra manera de pensar.

Dentro de estos tiempos extraordinarios, estamos cuestionando formas de comprender el mundo y de nombrar nuestras diferencias que eran incuestionables hasta hace muy poco tiempo. En Alemania, por ejemplo, existe la propuesta de eliminar la palabra «raza» de la Carta Magna, y de referirse simplemente a «seres humanos». Esto tiene mucho sentido desde un punto de vista científico. Como apunta el genetista Miguel Pita, «usar el color de la piel —que nos entra por los ojos— es una debilidad que tenemos como humanos al interpretar todo de forma simple y directa, sin rigor ni validez. Es absolutamente obsoleto». Aunque los humanos tenemos rasgos adaptativos en función del clima, «las diferencias genéticas entre los individuos son menores al 1 % y, dentro de ese 1 %, solo un 10 % es lo que se puede explicar como las diferencias que tradicionalmente se llamaban razas. Al final, simplemente, son diferencias descartables. Lo que sucede es que son llamativas porque están en nuestro exterior, pero, si mirásemos el cerebro, los pulmones o el corazón de un individuo de África, América, Europa o Asia, serían completamente indistinguibles».

¡Son tiempos que nos invitan a cambiar a una velocidad desconcertante pero muy enriquecedora! Ojalá encuentres aquí reflexiones y propuestas que te acompañen en este viaje de redescubrimiento individual y colectivo.

En una reflexión que refleja lo que tantos pensamos y anhelamos, el cineasta Vincent Gambuto escribía acerca de esa nueva normalidad que tenemos que construir entre todos: «De un ciudadano a otro, yo te ruego: respira hondo, ignora el ruido ensordecedor y piensa profundamente en lo que quieres volver a aceptar en tu vida. Esta es nuestra oportunidad para definir una nueva versión de lo que es normal, y es una oportunidad única, yo diría que sagrada, para deshacernos de lo que no queremos y traer de vuelta solo lo que funciona para nosotros, lo que enriquece nuestras vidas, lo que hace que nuestros hijos sean más felices, lo que nos hace sentir verdaderamente orgullosos».

¿Qué valores colectivos quieres potenciar y defender? ¿Cómo podemos reflejarlos en nuestra forma de vivir? ¿Cómo podemos ser coherentes entre lo que pensamos y lo que decimos?

Cambiar y seguir mejorando nuestro planeta es más que nunca una responsabilidad urgente de cada ciudadano que ya no podemos delegar más. El coronavirus podría llegar a ser la locomotora de la historia que acelere la transición a una sociedad mejor y más justa. Pero cada uno de nosotros tendrá que luchar para asegurar que eso suceda.

Vamos a ver propuestas para cuidarnos a nosotros mismos y a los demás, para potenciar lo mejor —y no lo peor y más peligroso— de nuestra humanidad; para seguir ampliando nuestros círculos de empatía; para dar voz a los que no tienen voz y a todas las demás especies; para combatir el sexismo, el racismo y el edadismo, que tanto daño hacen, y seguir derribando fronteras mentales y físicas para construir un mundo mejor.

Cuídate

Porque para poder cuidar a los demás, debes empezar por cuidarte tú primero... Estas propuestas son para ti.

ENCUENTRA TUS PROPIAS PALABRAS PARA CUIDARTE

Esta mañana he desayunado con mi hija de dieciocho años. Me ha contado con entusiasmo lo mucho que le ayudan a relajarse los consejos de un libro, escrito por una ejecutiva estresada.

—¿Qué consejos da? —le he preguntado mientras me servía un café.

—Dice que todos tenemos una cantidad limitada de energía, que es como un presupuesto. Si gasto mi presupuesto en lo que ella llama «monedas falsas», no puedo usarlo para cosas interesantes. Así que ahora, cuando me preocupo por algo que no puedo arreglar, me digo a mi misma: «moneda falsa», y ya está. ¡No sabes lo bien que funciona! Me ayuda mucho más que eso de «respira hondo» que tanto te gusta... ¡Y se me va la preocupación!

He sonreído mientras me tomaba el café. ¿Cuántas veces, desde que era pequeña, me he sentado con ella para ayudarle a respirar hondo y relajarse? Desde hace siglos, los humanos luchamos por gestionar la avalancha de emociones que nos invaden a cada minuto. Las genera un cerebro programado para sobrevivir, que tiende a detectar, exagerar, prever y recordar todo lo que podría amenazarle. Así que para una adolescente a punto de presentarse a los exámenes de selectividad, esas emociones se atascan en un futuro que no puede controlar: en el miedo a las notas, a perder la oportunidad de estudiar la carrera elegida, a tener mala suerte en las preguntas del examen, etc. Y toda esa tensión se traduce en malas noches y en una ansiedad creciente a medida que se acerca el examen.

La ansiedad ante el futuro es algo que a los humanos nos acompaña desde hace siglos. Ese es nuestro cerebro, siempre en guardia, y lo único que podemos hacer es encontrar palabras para comprender, compadecer y, con suerte, gestionarlo. De ahí viene el concepto contemporáneo de «gestión emocional». Es una palabra nueva para una realidad antigua: los antiguos griegos, por ejemplo, crearon los dogmas del estoicismo para enseñarnos a apartar de nuestra mente todo aquello que no podemos controlar. Para los estoicos, las cosas incontrolables eran sus «monedas falsas».

Hay muchas formas de nombrar y gestionar el miedo a no poder sobrevivir a los múltiples retos a los que nos enfrentamos a diario. No importa qué nombres pongamos a nuestras herramientas de gestión —qué corrientes filosóficas o psicológicas nos inspiran y ayudan a vivir mejor—. Lo importante es que comprendas que tienes un cerebro programado para sobrevivir que tiende a la ansiedad, y que busques las palabras que a ti te ayudan a poner paz. Encuentra tus palabras para vivir mejor. Son la llave de tu fortaleza y tu libertad interior.

«TENGO QUE...» EL PESO DE LAS EXPECTATIVAS

En Occidente, la presión para conseguir grandes logros empieza demasiado pronto, ya en la infancia, y nunca desaparece. Nuestro sistema capitalista suele arrastrarnos a una sensación perpetua de que siempre se puede —¡se debe!— estar haciendo más. Esas expectativas tan altas —expectativas personales, familiares, académicas, profesionales o sociales— se reflejan en los datos de diversos estudios que han medido las principales fuentes de estrés en nuestras sociedades y evidencian que estas resultan altamente estresantes para un 25 por ciento de los encuestados.

Vivir con altas expectativas tiene un aspecto positivo: nos motiva a conseguir metas. ¿Pero qué metas? ¿Son las que queremos de verdad? ¿Y a qué precio?

Si quieres revisar las expectativas que te mueven, te propongo lo siguiente:

* Habla con algún amigo o mentor que pueda ayudarte a analizar tu situación desde otra perspectiva.
* Habla con quien creas que te está marcando expectativas poco realistas. Puede que esta persona no sea consciente de lo que está haciendo.
* Pregúntate: ¿qué le sugeriría yo a un amigo que estuviese en mi situación?

* Ten opciones y alternativas para el futuro. Si solo tienes una salida y no la cumples, sentirás que has fracasado. Ábrete a otras opciones y piensa que hay muchas maneras de conseguir una meta.
* Expresa lo que sientes. Una estrategia útil es escribirlo, pues te ayudará a pensar en soluciones a tus problemas.
* Elige una meta que puedas alcanzar. Y si tienes que elegir entre una meta que absorbe todas tus energías y una meta que te hace feliz, ¡elige la que te hace feliz!

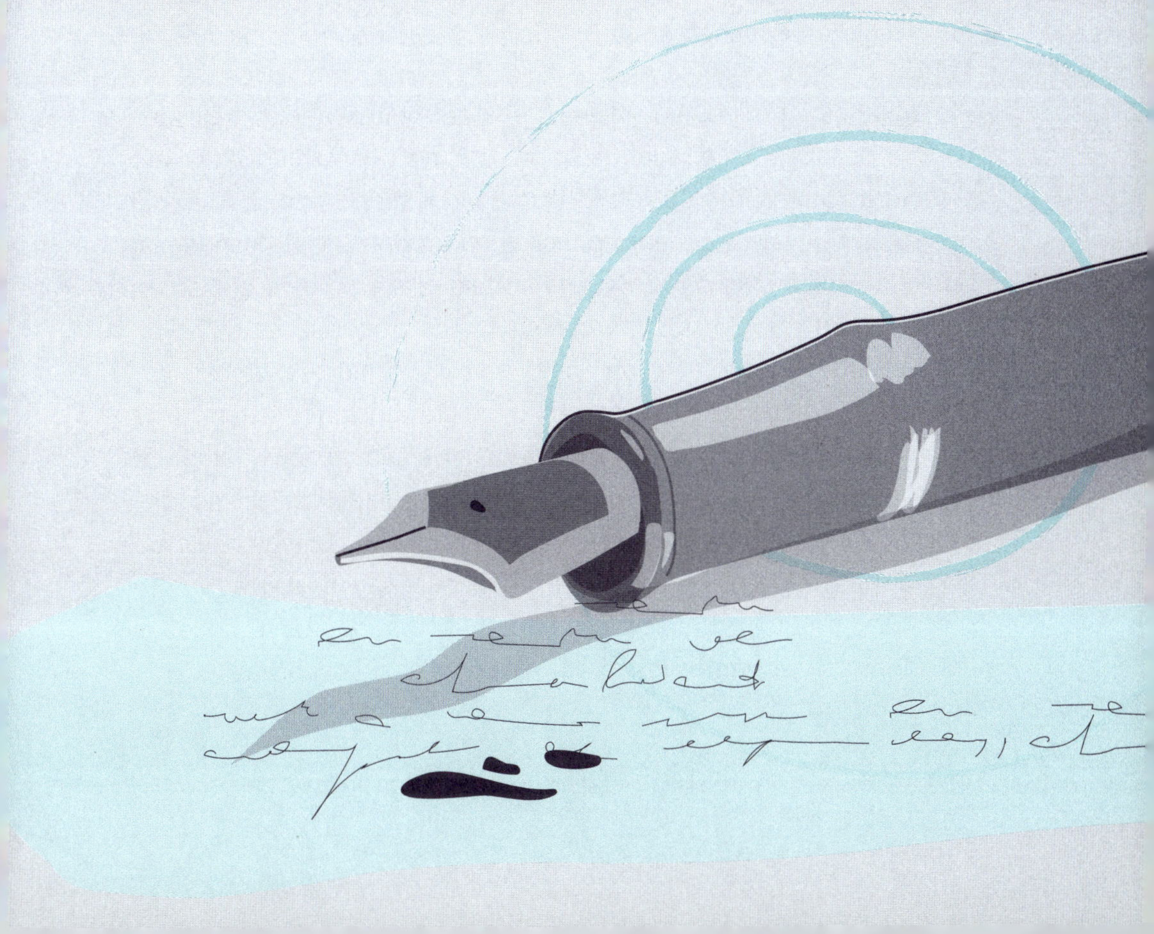

PEDIR AYUDA NO ES INDULGENTE, ES INTELIGENTE

Según estudios recientes sobre los efectos de la pandemia, hasta una tercera parte de los adultos muestra síntomas clínicos de ansiedad o depresión. Los sentimientos más comunes tras la experiencia que hemos vivido son sentirse impotente, atascado y ansioso. Para gestionarlos, es importante ser pacientes y practicar la compasión con nosotros mismos. De entrada, hay que saber que, aunque tengamos nuestras necesidades básicas resueltas, es normal sentirse mal en épocas difíciles. ¿Qué podemos hacer?

Me gusta este testimonio sincero de la periodista y editora Susanna Schrobsdorff, que, aunque ahora mismo tiene salud y trabajo y sabe racionalmente que es afortunada, describe con sentido del humor su nueva, y no siempre fácil, vida en tiempos de pandemia. Sus hijos universitarios han vuelto a casa y han dividido el piso en zonas, «como Berlín tras la guerra. Hemos discutido sobre quién "ha tomado prestado", ha roto, ha tirado, ha comido, no se ha lavado, no ha vaciado o rellenado casi cualquier cosa. No estamos de acuerdo con la definición de alto, de música o de limpio. Tampoco estamos en sintonía con lo que constituye noticias, socialismo, democracia o viejo. Hay días en los que bailamos y cocinamos como las adorables personas en cuarentena que hay en Instagram, y otros días en que gruñimos, hacemos nuestras pequeñas comidas aburridas y nos tiramos las tareas domésticas a la cabeza».

Cuando esta familia siente que la situación se le va de las manos, se reúne para hacerse «confesiones» y comparten sus frustraciones, miedos y ansiedades.

Otro de los recursos que utilizan es elaborar listados de personas y colectivos que lo están pasando peor que ellos... ¡y son siempre muchos!

A veces, yo uso una versión de esta estrategia: si me siento desanimada y cansada, si siento que las cosas me abruman, saco papel y lápiz y apunto las cosas que puedo celebrar, las que aún funcionan, las que me dan alegría.

SIÉNTETE

Cuarenta millones de años de evolución aseguran que necesitamos tocarnos los unos a los otros. Los sentidos que más pesan cuando conectamos con los demás son la vista, el tacto y el oído: ver, tocar y escuchar, en este orden. El órgano más importante para sentir es la piel, a través de las manos, los labios y la lengua. Tenemos la necesidad, nunca lo suficientemente reconocida y atendida, de sentirnos físicamente. A menudo recuerdo cuánto me conmovieron las palabras de una persona muy mayor que me dijo: «Lo peor de ser viejo es que ya nadie quiere tocarte».

Cuando nos tocan, nos relajamos y baja el cortisol, la hormona del estrés. Los demás primates pasan mucho tiempo acicalándose recíprocamente y tocándose. La especie humana, en cambio, tiende a inhibirse y a limitar el contacto físico al ámbito sexual.

Podemos recordar lo bien que sienta el contacto físico con un sencillo gesto: durante una veintena de segundos y con los ojos cerrados, palpemos nuestra cara y nuestras manos, solos o en compañía de otras personas.

EXPRESA LO QUE SIENTES

«El amor que no se expresa no sirve de nada.»

Esta es una frase que me inspira, que me recuerda algo fundamental y que por ello intento no olvidar. Los estudios dicen que llevar una vida social satisfactoria posee un valor enorme del que no siempre somos conscientes. Durante la pandemia hemos tenido tiempo de poner a prueba nuestros «recursos humanos», la solidez de nuestras relaciones y amistades. A muchas personas se les ha hecho cuesta arriba verse obligados a renunciar al cara a cara con amigos y familia y ahora valoran mucho más las relaciones interpersonales.

Sin embargo, la ciencia nos advierte de que solemos cometer un error al planificar nuestras vidas: no dedicamos el tiempo suficiente a los proyectos y a las personas que más alegría nos dan, que nos vivifican. Olvidamos lo que más nos conviene y nos alegra.

Si es tu caso, pregúntate: ¿hay personas, conocidos, viejos amigos o familiares a los que quisiera dedicar más tiempo? ¿A quién he echado más de menos en estos meses? Y... ¿qué voy a hacer para mejorar esta relación, para dedicarle el tiempo que merece?

¿Otra propuesta práctica para darles oxígeno a tus relaciones humanas? Reserva tiempo de forma consciente para estas personas. Apunta citas con ellas.

Y no reprimas lo que sientes: ¡diles que son importantes para ti! Hazlo antes de que tu cerebro humano olvide qué es lo que más le importa y se pierda de nuevo en la rutina.

LISTA DE PERSONAS A LAS QUE QUIERO DEDICAR MÁS TIEMPO PERSONAL

....

....

....

....

....

....

COSAS QUE PUEDO HACER CON ESAS PERSONAS

....

....

....

....

....

TUS PALABRAS PREFERIDAS

Recuerdo un juego al que jugábamos en familia cuando los niños eran pequeños. Consistía en decir qué palabras te gustaban más. Las palabras brotaban y desvelaban los gustos y preferencias de todos, y abrían una ventana a cada uno de nosotros. Mostraban bien quiénes éramos entonces. Sonaban coloridas y alegres palabras como pino mediterráneo, abeto, delfín, orca, león, flor tropical, bonsái, naranjo, anchoa, colibrí, rosa, camelia, lila en flor, pez tropical, potrilla, almendro blanco en flor, albatros, narciso, te quiero, burbujas, frágil, playa del Caribe, vacaciones, chuches, agua...

Rescatar nuestras palabras preferidas, las que en este momento de tu vida te alegran el día cuando las pronuncias, las que te recuerdan lo que es importante para ti, es algo que podemos hacer de vez en cuando para reconectar con aquello que nos proporciona felicidad y nos da vida.

¿CUÁLES SON, AHORA MISMO, TUS PALABRAS PREFERIDAS?

....

....

....

....

....

¡SIÉNTELO, NO LO TEMAS![8]

En tiempos de crisis, sentimos más que nunca emociones mezcladas: el miedo a la pérdida de la normalidad, a no disponer de recursos económicos, a estar solos... También sentimos lo que los psicólogos llaman «pena anticipada» ante lo que nos depara el futuro. Es una ansiedad de fondo que evidencia la dificultad del cerebro humano para vivir con la incertidumbre. Pero eso tan incómodo puede ser una oportunidad magnífica para conocerse mejor, para llevar a cabo cambios y transformaciones.

¿Cómo podemos gestionarlo?

Para calmar ese sentimiento de pena anticipada, la ansiedad por lo que pueda depararte el futuro, céntrate en el presente. Este es un recurso familiar para cualquiera que haya meditado o practicado la atención plena, pero quienes no saben cómo llevarlo a cabo siempre se sorprenden de lo sencillo que resulta. Aquí tienes una propuesta que te ayudará a enfrentarte al miedo al futuro:

Nombra cinco cosas que hay en la habitación en donde estás... Un ordenador, una silla, una foto del perro, una alfombra vieja y una taza de café, por ejemplo. Respira hondo: inspira contando mentalmente hasta tres y espira contando mentalmente seis... Date cuenta de que ahora mismo, en este preciso instante, nada de lo que has anticipado ha sucedido. Estás bien. Tienes comida. No estás enfermo. Usa tus sentidos, fíjate en lo que sientes: «El es-

---

8 Adaptado de Scott Berinato.

critorio es duro. La manta es suave. Puedo sentir el aire entrando en mi nariz». Centrarte en el presente amortigua la ansiedad que sientes. Piensa también en cómo dejar ir lo que no puedes controlar. Por ejemplo, lo que tu vecino está haciendo ahora está fuera de tu control; lo que sí está bajo tu control es mantenerte a una distancia física prudente y lavarte las manos. Concéntrate en las cosas que sí puedes controlar.

Todos tenemos diferentes niveles de miedo y dolor, que se manifiestan de diversas maneras. Si alguien reacciona de un modo extraño, piensa que probablemente es su forma de lidiar con su ansiedad. Sé paciente y piensa en quién es esa persona normalmente y no en quién parece ser en este instante. Sigue intentando gestionar estos sentimientos enraizándote en el presente, en lo que puedes controlar.

Por último, nombra lo que sientes: eso ayuda a entender lo que hay dentro de nosotros y nos calma. No temas enfrentarte a las emociones incómodas, porque todas las emociones tienen un mensaje ¡y lo amplifican hasta que les hacemos caso! Cuando nombras algo, lo sientes y dejas que se mueva y circule. ¡Las emociones necesitan movimiento!

IDENTIFICA Y PON NOMBRE A TUS PASIONES

Cuando miras el mundo que te rodea, ¿qué te emociona? ¿Qué te llena de esperanza, qué te enfada o indigna? ¿Qué te hace tenerle miedo al futuro? Tus pasiones pueden centrarse en apoyar causas constructivas (por ejemplo, los derechos del peatón en la ciudad) o enfrentarte a lo que consideras como dañino (por ejemplo, el acoso digital).

Escribe una lista de las cosas que te apasionan. Intenta ser lo más específico que puedas. En cada caso, identifica el problema, la solución y lo que puedes hacer para ayudar.

....

....

....

....

....

....

....

Cuídame

20 GESTOS PARA AYUDAR A OTRO SER HUMANO[9]

En este capítulo hemos hablado del enorme poder que tienen los gestos de afecto más sencillos para disparar la capacidad de superar obstáculos de las personas que nos rodean. Pues bien, aquí van 20 gestos, propuestas sencillas para mostrar este apoyo a otra persona. Ocupan apenas unos minutos, ¡pero pueden sembrar algo importante!

Si con cualquiera de estos gestos recibes la sonrisa o el agradecimiento de alguien, anímale a que haga lo mismo para otra persona. Porque como decía William Shakespeare, «¡Qué lejos llega el resplandor de esta pequeña vela! Así brilla un gesto amable en un mundo desangelado».

* **Muestra tu agradecimiento públicamente a cualquier persona que haya hecho un esfuerzo especial para ayudarte o, simplemente, acompañarte:** médicos, enfermeras, trabajadores sociales, maestros, vecinos...

---

9 Adaptado de zenhabits.net. «25 ways to help a fellow human being today.»

* Llama a una asociación para hacer unas horas de voluntariado.
* Regala una cosa que no usas, ¡o una caja entera de cosas!
* Desvía un regalo de cumpleaños o de Navidad hacia personas o asociaciones que lo necesitan más que tú.
* **Enseña.** Tómate el tiempo de enseñarle a alguien una habilidad que tú tienes, cómo usar el correo electrónico a tu abuela, a montar en bici a un niño, algo que necesita un colega de trabajo...
* **Reconforta a una persona que está triste.** A menudo, un abrazo, una palabra amable, un rato escuchando... pueden aliviar a quien haya sufrido una pérdida o esté pasando un mal momento.
* **Escucha.** A veces, si una persona está triste, deprimida, enfadada o frustrada, solo necesita que alguien la escuche.
* **Ayuda a alguien a activarse.** ¿A alguien podría irle bien un poco más de actividad física? ¡Acompáñala a correr o caminar para que empiece una vida más sana!
* **Realiza una tarea.** Puede ser grande o pequeña: ordenar, limpiar, planchar, reparar algo... Dedica hoy unos minutos a ayudar a alguien con alguna tarea concreta.
* **Da un masaje.** Un masaje puede ser un modo de hacer sentir mejor a alguien.
* **Envía un correo electrónico amable.** Unas palabras para decirle a alguien cuánto le aprecias, lo orgulloso que estás o, simplemente, ¡dar las gracias!
* **Regala naturaleza.** Ofrece flores y plantas para alegrar el hogar de alguien que lo necesite.

* **Dona comida.** Ordena tu despensa y comparte alimentos con quien los necesite.
* **Simplemente, estate presente.** Siéntate con alguien, charla un rato, regala tu tiempo.
* **Sé paciente.** A veces, las personas tardan en comprender algo o en hacerlo bien. ¡Practica ser paciente con ellos!
* **Sé el mentor de un niño.** Llama a una asociación o echa una mano a padres con niños que necesitan ayuda.
* **Haz un paquete de ayuda para quien pueda necesitarla**: comida, libros, juguetes...
* **Presta tu voz.** Quienes no tienen poder o medios necesitan la voz de los demás para defenderse. No hace falta que lo hagas solo: firma una petición, habla en una reunión pública, escribe una carta...
* **Ofrécete para hacer de canguro.** ¡A veces los padres necesitan un respiro!... Échales una mano, para ellos puede significar mucho.
* **Expresa tu afecto.** Da igual que sea a tu compañero, hijo, familiar, amigo, colega o a un desconocido... Encuentra maneras de expresar cariño a los demás. ¡Un abrazo o una palabra amable pueden cambiar el día para quien los recibe!

ABRAZAR DURANTE LA PANDEMIA

No solo hemos echado de menos los abrazos, ¡es que los necesitamos! En tiempos de crisis, el sistema nervioso simpático genera hormonas del estrés, que nos desgastan. El afecto físico logra calmarnos, porque tenemos circuitos neuronales específicamente dedicados a reconocerlo. ¡Solo darle la mano a una persona que sufre puede ayudarla a sentirse mejor! Incluso durante una pandemia, podemos intentar abrazarnos de la forma más segura posible. Existen modelos matemáticos que nos muestran que los riesgos de contagio durante un abrazo breve pueden ser relativamente bajos, si no toses ni hablas. Así que si necesitas urgentemente un abrazo, toma precauciones: colócate una mascarilla; da el abrazo al aire libre; poned vuestras caras en direcciones opuestas; sé rápido, aléjate rápidamente después del abrazo.

«AUNQUE NO PUEDAS CURARME, PUEDES CUIDARME»

Esta es una frase de un maravilloso médico, el doctor Albert Jovell, pionero en eso que llamamos «la humanización de los cuidados», que murió de cáncer. Él decía: «Si no pueden curarme, al menos pueden cuidarme». Solemos creer que para ayudar a alguien necesitamos hacer algo concreto como curarle o resolver sus problemas. Pero hay muchos gestos que no aparecen en estadísticas, cuadrantes ni estudios que también son indispensables para el bienestar de quienes se encuentran en una situación vulnerable. ¿Sabes con quién se sincera más un paciente durante su ingreso? Con la persona que se ocupa de la limpieza. Algunos estudios indican que el paciente la ve como un igual y se siente escuchado y cuidado. ¡Eso también son cuidados imprescindibles!

Si tienes cerca a una persona cuyo problema no puedes solucionar, recuerda que siempre puedes al menos acompañarla, cuidarla y estar ahí para lo que necesite.

UN MOMENTO PARA EL REENCUENTRO Y LA CALIDAD

La convivencia profunda y honesta con nuestras familias es de lo más fructífero que nos ha pasado en este confinamiento. Creo que es especialmente llamativo en las familias con adolescentes: en muchos casos estamos mejorando la forma de hablarnos, de escucharnos y de respetarnos. Ya no podemos escapar o distraernos, así que solo nos queda entendernos. ¿Cómo vamos a olvidarlo? Es muy emocionante. Espero que luchemos por retener este aprendizaje, cueste lo que cueste, cuando la pandemia haya pasado. ¿Hay alguna manera de no olvidar lo que hemos aprendido, de mantener vivo ese reencuentro tan verdadero?

¡Es cuestión de proponérselo! Si durante la «normalización» echas de menos ese tiempo de calidad que has tenido con tu familia durante la pandemia, ¡apunta en la agenda momentos específicos para retomar esas actividades y conversaciones especiales!

CUIDAR LAS REDES HUMANAS

En este tiempo de crisis y de tanta incertidumbre, hemos podido vivir lo mejor y lo peor de muchas personas cercanas, la solidaridad y la empatía más grandes y el egoísmo más inesperado. Puede que hayas descubierto a tus verdaderos amigos y quizá otros te hayan fallado. Es humano, sin duda, pero ¿cómo se gestionan este tipo de frustraciones?

Muy fácil: demos a los demás el beneficio de la duda y el regalo de negarnos a sentirnos ofendidos. ¿Crees que alguien te ha fallado? Si así lo sientes, nadie te puede discutir ese sentimiento, ¡pero seamos generosos! Regala tu comprensión en estos momentos difíciles, cada uno responde como puede ante una situación incierta y debes convencerte de que casi nadie tiene el tiempo ni las ganas de «fastidiar» a los amigos a propósito. Todos estamos en modo «supervivencia», preocupados por personas enfermas o solitarias, lidiando con la falta de trabajo, desorientados, intentando ayudar a nuestros hijos, vecinos, pacientes, alumnos... Y en un contexto tan excepcional, creo que debemos relajar las expectativas habituales. Cada uno está haciendo, más que nunca, lo que sabe y puede.

¿Hay alguna persona a la que podrías regalarle el beneficio de la duda y no sentirte ofendido por algo que haya hecho o que creas que haya hecho?

ENCUENTRA TU TRIBU

Encuentra una comunidad de apoyo. Pasar tiempo con personas que nos comprenden y apoyan, que comparten nuestras aficiones, intereses y tiempo de ocio, puede ayudarnos a ser más felices en el momento presente y más optimistas sobre el futuro. Puede ser un club de lectura, un curso de escritura, un equipo de pádel o un grupo excursionista... ¡Seguro que en tu ciudad o pueblo hay personas que tienen mucho en común contigo! Solo hace falta voluntad para buscarlas.

POR QUÉ LA GENTE NECESITA RITUALES, ESPECIALMENTE EN ÉPOCAS DE INCERTIDUMBRE

RITUAL

El profesor de Antropología de la Universidad de Connecticut Dimitris Xygalatas sostiene que el ritual es parte inextricable de la naturaleza humana y una herramienta poderosa para promover la resiliencia y la solidaridad. En un mundo cambiante, el ritual es algo muy necesario. Los momentos más importantes de nuestra vida, desde cumpleaños y bodas hasta graduaciones universitarias y tradiciones navideñas, están marcados por la ceremonia. Los rituales dan sentido y hacen que esas experiencias sean memorables.

Los rituales nos ayudan a calmar la ansiedad. ¿Cómo? Nuestro cerebro hace predicciones constantemente sobre el estado del mundo y utiliza el conocimiento pasado para dar sentido a las situaciones actuales. Pero cuando todo lo que nos rodea cambia de modo inesperado, como durante la pandemia, esa capacidad queda limitada, y ello hace que muchos experimentemos ansiedad. Ahí es donde entra el ritual: al estar perfectamente estructurado, aunque no tenga una influencia real sobre lo que ocurre fuera, nos proporciona cierta sensación de control, con su ceremonial y sus gestos conocidos.

Los rituales nos proporcionan conexión, comunión, porque cuando son colectivos requieren coordinación entre varias personas, que se mueven sincronizadas o cantan al unísono, y crean una sintonía, forjan un sentido de pertenencia e identidad común que cohesiona a los individuos en una comunidad, que arropa y apoya de algún modo.

Además, como afirma el doctor Xygalatas, los rituales son herramientas para la resiliencia. Durante la pandemia, personas de todo el mundo han creado nuevos rituales colectivos, que les han permitido sentirse parte de algo mayor y hermanarse en una comunidad —de calle, de barrio, de país o universal— que proporciona conexión humana. En muchas ciudades europeas, los vecinos hemos salido a los balcones a la misma hora todos los días para aplaudir a los trabajadores de la salud por su incansable servicio, en un gesto de solidaridad que, además de evidenciar el apoyo a la labor de nuestros sanitarios, nos ha hecho sentir unidos y más fuertes frente al virus.

¿CONOCES LAS HABILIDADES DEL CUIDADO? LA ESCUCHA ACTIVA[10]

Saber escuchar a los demás es una de las habilidades más importantes en la comunicación interpersonal. Pero escuchar al otro no es algo meramente pasivo, sino un proceso activo en el que se toma la decisión consciente de prestarle atención y de comprender lo que nuestro interlocutor quiere decirnos.

* Para convertirnos en un oyente empático, incluso compasivo, debemos dejar cualquier prejuicio a un lado y no formarnos opiniones precipitadas, especialmente al principio de la conversación.

* Debemos escuchar al otro con todos los sentidos, no solo el oído. Nuestra comunicación no verbal debe mostrar que estamos conectados a lo que se nos dice, atentos e interesados: asentir, sonreír, mantener el contacto visual…, que la otra persona perciba que estamos plenamente con ella, así se sentirá más cómoda y se comunicará de modo más sincero, abierto y fluido.

* Escuchar al otro activamente implica paciencia, aceptar sus pausas y evitar la tentación de interrumpir con preguntas o comentarios cada vez que haya unos segundos de silencio. Hay que darle tiempo a la otra persona para explorar sus pensamientos y sentimientos.

---

10 Adaptado de skillsyouneed.com

POR QUÉ MERECE LA PENA HACER CUMPLIDOS A DESCONOCIDOS

Recuerdo el verano pasado en una de mis inmensas y queridas playas gallegas. Llevábamos un rato observando cómo una madre jugaba al fútbol, con paciencia y mucho estilo, con sus dos hijos pequeños. Cuando llegó el momento de regresar a casa, decidimos bajar a la orilla para hablar con ella.

Nos vio acercarnos sorprendida...

«¡Te acabamos de nombrar mejor madre de esta playa!», le dijimos con una gran sonrisa. «Tu paciencia y lo bien que juegas son admirables, ¡da gusto miraros!»

¡Se le iluminó la cara! Creo que le dimos una alegría inesperada. ¡Y fue tan sencillo!

Los cumplidos suelen interpretarse con cierta suspicacia, porque, como los antiguos piropos, pueden resultar burdos e inapropiados. Pero el cumplido sincero y respetuoso puede ser una forma muy sencilla de generar alegría en los demás y mostrar reconocimiento; constituye una pequeña transferencia rápida de amabilidad. La escritora Ariel Meadows empezó a practicar el sencillo arte de hacer cumplidos para ayudarse a sí misma a pasar página en una época difícil. «Cuando te tomas dos segundos para fijarte en algo positivo y lo expresas en voz alta con una sonrisa, generalmente consigues otra sonrisa de vuelta. Es como practicar el agradecimiento a nivel de barrio», afirma.

Hacer cumplidos sobre el aspecto físico de una persona no es lo más recomendable: solo estás constatando una realidad genética. En cambio, si haces un cumplido porque el color del jersey resalta el color de unos ojos, entonces estás elogiando un acto, una decisión de esta persona y no solo su genética. Con la práctica, Ariel se fue envalentonando: «¡Me encanta absolutamente todo lo que veo aquí!», le dijo a una persona exuberantemente no binaria, vestida de dorado de los pies a la cabeza, con la que se cruzó por la calle. Y a cambio consiguió una risotada y un gran ¡¡¡GRACIAS!!!

El doctor Raj Raghunathan explica que una de las razones por las que hacer cumplidos a los demás te hace sentir bien es porque te percibes a ti mismo como una persona generosa y de buen corazón. ¡Y eso también mejora tu autoestima y además disminuye la producción de la hormona del estrés!

En cambio, criticar o despreciar a los demás te proporciona un sentimiento de superioridad inmediato, pero enseguida te sientes también despreciable por criticar. Además, cuando criticamos es más probable que los demás nos critiquen de vuelta, con lo que entramos en espirales negativas y tendemos a atraer a más personas negativas o con tendencia a hablar mal de los demás.

HAZ UNA LISTA NUEVA DE COSAS POR HACER

Antes de que el coronavirus nos encerrara en nuestros hogares, la mayoría de nosotros teníamos listas de tareas poco inspiradoras que seguramente nunca llegamos a cumplir. Priorizábamos tareas discretas y rutinarias: un formulario para la escuela, tal vez una fecha límite en el trabajo, comprar comida para la cena. Por lo general, no incluían conocer a los vecinos, asegurarse de que los ciudadanos mayores o discapacitados tuvieran lo que necesitaban o crear un sentido de comunidad. En algún lugar entre el trabajo, los niños, la casa, la familia y los amigos, la idea de cuidar a aquellos que vivían muy cerca y, sin embargo, eran en gran medida extraños para nosotros, constituía una noción abstracta, una esperanza virtuosa y distante, pero no una prioridad apremiante.

El coronavirus ha cambiado eso. Nuestras inquietudes se han convertido en locales, nuestras redes incluyen la calle entera y la tecnología nos ha permitido conectarnos con todo el mundo.

¿CUÁL PODRÍA SER TU NUEVA LISTA DE «COSAS POR HACER»?

CAMBIAR EL CLIMA EMOCIONAL DE LAS REDES SOCIALES

A menudo nos sorprende la enorme dureza que encontramos en las redes sociales; leemos comentarios e insultos que difícilmente escucharíamos entre personas que se estuvieran mirando cara a cara.

¿Por qué podemos ser tan crueles en las redes sociales?

Una de las razones es que nuestra capacidad de convivir depende en buena medida de un mecanismo biológico con el que la naturaleza nos dota al nacer: la empatía, es decir, la capacidad de sentir por los demás, de compartir sus emociones básicas. Este sentir compartido —que es a la vez físico y emocional— nos protege, porque intentamos no herir a los demás y somos capaces de compartir sus alegrías y sus penas. La empatía nos une y nos hermana. Sin embargo, es un mecanismo que funciona mucho mejor si nos miramos, si estamos físicamente conectados.

Las redes sociales nos ofrecen la posibilidad —nueva— de conectarnos sin mirarnos. Eso puede amortiguar nuestra capacidad de empatía y volvernos insensibles e incluso crueles. Ya lo expresa el viejo dicho: «Ojos que no ven, corazón que no siente». La dificultad para empatizar que generan las redes junto con nuestras complejas psiques humanas requieren que hagamos un esfuerzo especial para tratarnos bien en ese medio, y sentar los fundamentos para construir allí relaciones y comunidades basadas en la compasión y la empatía. La alternativa es un mundo paralelo que incita demasiado fácilmente a la deshumanización, un mundo donde vivir y relacionarse sea cada vez más difícil.

¿CÓMO EXPRESAR HUMANIDAD A TRAVÉS DE UNA PANTALLA?

Nos cuesta expresar emociones a través de una pantalla, y como es algo que nos va a tocar hacer mucho en el futuro quisiera dedicarle una reflexión.

Los humanos somos muy comunicativos, incluso cuando estamos callados. Cuando nos hablamos cara a cara, en una conversación, el cerebro se fija en las palabras que decimos, claro, pero solo en parte; también se fija en multitud de pequeñas pistas no verbales, de microgestos como la postura corporal del interlocutor, si se le ve nervioso, si respira más deprisa o parece a punto de interrumpirte... Con todos estos elementos, nos formamos una idea general de lo que se está comunicando. Y este análisis lo hacemos sin pensarlo, de modo inconsciente. Pertenece a nuestra naturaleza social. Es un sistema eficaz y rápido para relacionarnos.

El problema es cuando pasamos a otro medio de comunicación, el tecnológico. Nuestros cerebros no están preparados para ello. Cuando vemos a alguien al otro lado de un ordenador o una tableta, esta forma de comunicarnos nos exige una enorme atención hacia las palabras que dice esa persona, y esto es así porque nuestros gestos quedan anulados o disminuidos a través de una pantalla y la mirada pierde la fuerza de la presencia física. Pero el cerebro busca esas pistas y no las encuentra, y eso también nos cansa y nos desconcierta...

Para comunicarte digitalmente:

* recuerda que una palabra escrita tiene la misma fuerza que una palabra dicha de viva voz. Piensa en lo que escribes, y si estás enojado o nervioso descansa y retrasa la comunicación.

* si vas a comunicarte por videoconferencia, mantén los tiempos cortos. Habla despacio para no obligar a un exceso de atención.

* intenta mirar a cámara e imaginar que la persona (o comunidad) a la que te diriges está allí. Dedícale unas palabras de bienvenida, di su nombre ¡y no olvides sonreír de vez en cuando!

* potencia y comparte con tus interlocutores digitales formas de comunicarte emocionalmente. Por ejemplo, cruzar los dedos puede representar un abrazo.

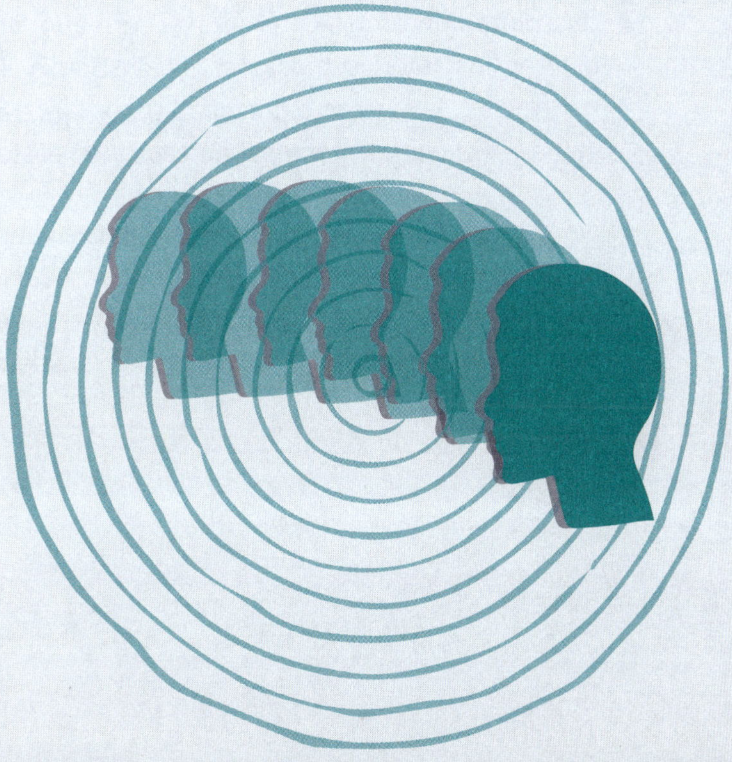

CÓMO EVITAR CONFLICTOS EN MOMENTOS DE CRISIS[11]

Eleanor Gordon-Smith, periodista de *The Guardian*, afirma que en una situación de normalidad podemos retrasar los conflictos emocionales hasta que nos sintamos mejor para enfrentarlos. Pero cuando estamos encerrados en casa —por ejemplo, por un confinamiento o una enfermedad—, el mal humor que nos genera cualquier situación conflictiva no puede borrarse tan fácilmente. Por tanto, necesitamos ser capaces de reconocer con honestidad que estamos cansados y hartos de la situación y consolarnos con algo más que el mero pensamiento de «todo esto pasará».

Aquí tienes algunas propuestas prácticas:

* reflexiona sobre qué consideras «normal». No permitas ni en ti ni en los tuyos expresiones de desprecio. Permite la ira, la frustración, la tristeza o la culpa... pero nunca el desprecio. Eso cambiará el clima emocional en casa y en el trabajo.

* no te quedes impasible si la gente te habla mal: sorpréndete por ello. La sorpresa marca límites claros en torno a lo que esperamos de nuestras relaciones, y comunicar que «esto no es normal» es a menudo una forma efectiva de expresar «no debería ser así».

11 Eleanor Gordon-Smith en *The Guardian*

* céntrate en cómo las diferencias entre nosotros pueden convertirse en fortalezas. Tal vez no soportes que tu madre llene la nevera hasta arriba o que tu pareja se empeñe en que todos respeten las rutinas, pero céntrate en estar agradecido porque ella nos mantiene alimentados y él nos mantiene alerta y en movimiento.

* habla, habla, habla. Cuando las personas no piden directamente lo que quieren, suelen maniobrar para conseguirlo o se muestran resentidas. Practica pedir las cosas honestamente, hablar honestamente. Nuestras conversaciones deberían ser productivas.

* recuerda que nuestra misión en una familia no es que los demás nos caigan bien, sino quererlos. Es mucho más difícil, pero es lo que probablemente nos sacará adelante.

PROPUESTAS PARA CIUDADANOS QUE QUIEREN MEJORAR EL MUNDO

A mediados del siglo XIV, la peste negra mató a casi un tercio de la población europea, una catástrofe que sin embargo precipitó el debilitamiento de las rígidas e injustas jerarquías sociales feudales. ¿Cómo influyó esa pandemia? Generó circunstancias propicias al cambio, que algunas personas supieron aprovechar. Uno de los protagonistas de estos cambios fue un campesino llamado William Caburn. Lideró un movimiento que reclamaba mejores salarios y alquileres más bajos. La nobleza se resistió de manera brutal y se llegó a dictar leyes para impedir el progreso de los campesinos. Se tardaron unos cincuenta años en conseguir buenos resultados: alquileres más bajos, salarios más altos y multitud de antiguos siervos que consiguieron comprar su libertad.

Del mismo modo, aunque muchas personas esperan que esta pandemia potencie sistemas económicos más justos para todos, tenemos que recordar que los cambios no se dan de forma automática, sino que hay que luchar por ellos. E incluso así, el cambio puede producirse, pero no necesariamente un cambio que signifique progreso.

Para contribuir a la ola de cambios que podrían darse en estas circunstancias sociales, económicas y políticas tan extraordinarias, apunto aquí algunas propuestas para ciudadanos que quieren mejorar el mundo.[12]

---

12 Adaptado de *How to become an activist*: https://4.files.edl.io/333a/11/13/19/213748-6bb7da16-a099-4bb0-a73d-2f23d777c9de.pdf.

Ten objetivos ambiciosos pero realistas. Si quieres lograr algo, es importante concretar qué quieres que suceda y cómo puedes conseguirlo. Por ejemplo, si bien detener el cambio climático es un objetivo noble, es demasiado amplio y abstracto. Céntrate en metas concretas, como estándares de emisiones más estrictos para vehículos e industrias en tu zona. Un buen consejo es «pensar globalmente y actuar localmente».

Únete o funda una organización o partido político que respalde tu causa. Si compartes pasión por la misma causa con otros activistas, probablemente puedas encontrar una organización a la que unirte, desde una asociación de estudiantes hasta una fundación. La mayoría de las organizaciones ofrecen diferentes niveles de participación: asistir a reuniones y manifestaciones, hacer llamadas telefónicas o simplemente donar una cuota periódica. También puedes fundar tu propia organización, ya sea un club de reciclaje o un grupo antirracismo en línea. ¡Está bien comenzar poco a poco!

Hazte voluntario. Donar tu tiempo para apoyar una causa es muy gratificante y una manera de enfocarte hacia tus objetivos. Por ejemplo, si te preocupa la violencia contra las personas sin techo, además de asistir a manifestaciones puedes trabajar como voluntario en un refugio para personas sin hogar o en un centro de beneficencia. Y si estás interesado en la protección de los animales, ofrécete como voluntario en un refugio de animales o una protectora.

Haz donaciones. La mayor parte de las fundaciones y organizaciones caritativas necesitan recursos para hacer su trabajo, bien sea en forma de dinero o de aportaciones de material.

Habla con familiares y amigos. Infórmales sobre tu causa e invítalos a participar en ella. Si realizas trabajo voluntario, invita a un amigo o familiar interesado a que sea voluntario contigo.

Predica con el ejemplo. El activismo consciente significa incorporar el activismo a tu vida cotidiana, viviendo y actuando de un modo que respalde directamente tu causa (por ejemplo, reciclando plásticos, cartón y cristal o no utilizando productos fabricados con piel de animales).

Aboga por una nueva legislación. Los cambios se producen de muchas maneras, y una de ellas es a través de los cambios legislativos. Estos se pueden impulsar trabajando con personas y grupos con objetivos similares para abogar por leyes comunitarias y estatales específicas.

PROPUESTAS ACTIVISTAS PARA LA JUSTICIA RACIAL[13]

Tenemos la inmensa suerte de vivir en los tiempos de movimientos globales como el #metoo o el Extinction Rebellion. ¡Aquí tienes algunas propuestas para contribuir a la justicia social!

Cada vez se documentan más historias en las redes sociales de personas que se encuentran cara a cara con el racismo, ya sea en un hotel, con la policía, en una cafetería, en una escuela, etc. Cuando seas testigo de una situación así, llama a la organización, compañía o institución involucrada para decirles lo indignado que estás. Después comparte la publicación, habla de lo que ha pasado y anima a otros a manifestarse.

Habla con los profesores que conozcas sobre cómo podemos ser educadores que apoyan y alientan, en vez de educadores que desaniman. Y si tú o un amigo o familiar sois profesores, mirad y compartid este vídeo de Neil deGrasse Tyson, en el que habla sobre su experiencia como estudiante afroamericano aspirante a científico y astrofísico (todo el mundo le recomendaba que fuese atleta).

https://youtu.be/z7ihNLEDiuM

Muchas empresas tienen sus canales de contratación predominantemente en manos de personas blancas. Trabaja con tu departamento de recursos humanos para pedir que entrevisten y contraten a personas de procedencias diversas.

---

13 Adaptado de Corinne Shutack.

Encuentra o funda un «club para la diversidad» para aprender más y hablar sobre los prejuicios conscientes e inconscientes que tenemos. Participa en los proyectos que te parezcan atractivos. Haz sondeos en tu entorno sobre raza y justicia racial.

«Descoloniza» tu estantería. Compra libros, elige programas de televisión y películas y opta por juguetes para tus hijos e hijas, sobrinas, sobrinos, etc. que reflejen una comunidad diversa de personas de diferentes razas, religiones, países... Si te resulta difícil encontrar estos recursos, reclámalos en librerías, jugueterías y bibliotecas municipales.

Aprende, desaprende y descubre sobre justicia racial con películas, documentales y series. Algunas sugerencias: *Me llamo Muhammad Ali*, *I Am Not Your Negro*, *Haz lo que debas*, *Huracán Carter*, *Así nos ven*, *This is us*.

No guardes silencio ante una broma racista. El silencio es apoyo.

¡Infórmate! Descubre en las redes a activistas como @OsopePatrisse, @opalayo, @aliciagarza, @bellhooks, @Luvvie, @mharrisperry, @VanJones68, @ava, @Lavernecox, @deray, @TaNehisiCoats; Ally Henny en Facebook y Lace on Race en Facebook. Sigue a Blavity, Madame Noir, The Root y The Grio con el deseo de aprender y comprender mejor la vida de los afroamericanos.

Busca un grupo diverso de amigos, para tus hijos y para ti mismo. Lee experiencias cotidianas de personas víctimas de racismo a través del hashtag #realizediwasblack («me di cuenta de que era negro») o escucha relatos de primera mano en https://edition.cnn.com/interactive/2017/02/us/first-time-i-realized-i-was-black/ y compártelo.

¿ERES MADRE O PADRE?

Organiza intercambios culturales en la escuela de tus hijos.

Amplía la biblioteca de tus hijos con lecturas como las recomendadas en http://www.educatolerancia.com/racismo-xenofobia-bibliografia-infantil-juvenil/

Lee estos libros y/o empieza un club de lectura para compartirlos:

* *El color de la justicia, la nueva segregación racial en Estados Unidos*, de Michelle Alexander.
* *Caught: The Prison State and the Lockdown of American Politics*, de Marie Gottschalk.
* *Entre el mundo y yo*, de Ta-Nehisi Coates.
* *Volver a casa*, de Yaa Gyasi.
* *El origen de los otros*, de Toni Morrison.
* *Orange is the New Black. Crónica de mi año en una prisión federal de mujeres*, de Piper Kerman.
* *Teaching to Transgress: Education as the Practice of Freedom*, de Bell Hooks.
* *The 1619 project*, de Nikole Hannah-Jones

Si tienes una relación cercana con una persona joven que sufre discriminación, asegúrate de que él o ella sepa que lo apoyas o la apoyas. Quiere y reafirma a este niño.

Para cerrar estas páginas, os propongo que hagamos juntos, juntas, una meditación muy especial. Es una meditación que nos recuerda algo fundamental, y es que todos los seres vivos buscamos lo mismo: evitar el sufrimiento, sentirnos bien, vivir en paz. Para ello, ¿qué necesitamos? Necesitamos comida, refugio y amor. Es lo mismo para todos, tengamos la forma y el aspecto que tengamos. Si estás vivo, necesitas comida, refugio y amor. Fíjate en las cosas básicas que tienes en común con los demás seres vivos e ignora las diferencias. ¡Son mucho menos importantes de lo que parecen!

Una meditación para reconectar con nuestra esencia humana

Para que puedas practicar fácilmente y recordar siempre lo que nos une a todos, te propongo este ritual de 5 pasos; lo puedes hacer cuando quieras, cuando te encuentres con amigos o extraños, con seres humanos u otros seres vivos.

Es una meditación, y se llama LO QUE NOS UNE.

Túmbate o siéntate y cierra los ojos... Respira tranquilamente, profundamente... Piensa en una persona que conozcas.

Con tu atención focalizada en esta persona, piensa o di en voz alta o silenciosamente, como prefieras:

Paso 1: Como yo, esta persona busca bienestar en su vida.

Paso 2: Como yo, esta persona trata de evitar sufrir en su vida.

Paso 3: Como yo, esta persona ha conocido la tristeza, la soledad y la desesperación.

Paso 4: Como yo, esta persona está tratando de cubrir sus necesidades.

Paso 5: Como yo, esta persona está aprendiendo sobre la vida.

En todo libro que ve la luz, quien lo escribe suele cerrar el manuscrito con una nota más o menos extensa, agradeciendo el apoyo, la inteligencia o la paciencia de quienes han sido partícipes del siempre laborioso proceso.

En este caso, me corresponde agradecer la inteligente y constante complicidad de mi editora y amiga, Rosa María Prats; la sutil y delicada labor de Antonia Arrom; la inteligente y armoniosa producción de las meditaciones guiadas de Javier Icazuriaga; la activa y eficaz coordinación de Anna Soldevila, y la siempre sólida confianza de mi querido editor, Emili Rosales.

Pero este libro no es solo un esfuerzo editorial. Es también, y aún más, la crónica y la reflexión compartida en estas páginas de tantas y tantos pensadores, autores consagrados y ciudadanos anónimos, que han plasmado a través de sus libros, en las redes y en los medios todas las preocupaciones, la solidaridad, las propuestas y las esperanzas que estos tiempos extraordinarios han inspirado y que, en alguna medida, he querido reflejar aquí.

A todas ellas y ellos, mi más amplia gratitud por todo lo que me han enseñado y aportado.

Y finalmente a ti, lectora o lector, que has confiado en mí: compartimos el viaje incierto y desconcertante de la vida, y necesitamos mucho optimismo, esperanza y fortaleza para emprenderlo y seguir adelante. ¡Ojalá estas páginas te hayan acompañado!